JN127191

回想録 わが師たち

藤田省三・古在由重・高杉一郎

太田哲男／著

同時代社

まえがき

本書は、私が出会った藤田省三、古在由重、高杉一郎についての私の文章を集めたものである。

三人の生年は、古在、高杉、藤田という順であり、私が直接に接した順番からいえば、古在、藤田、高杉となる。だが、古在さんの思想・経験の意味は、藤田さんに教えられたところが少なくないし、巻頭の「藤田省三さんの思い出」は、私とこの三人との関わりについて述べた部分を含み、その意味で、本書全体からすれば、やや「序章」的なところを含んでいる。そこで、本書での配列は、藤田、古在、高杉という順番とすることにした。

ただし、この三人の順番に内容的な順序性があるわけではないので、どの人物についてのものからお読みいただいても差し支えない。

もくじ

II　古在由重　63

Ⅰ
藤田省三

藤田省三さんの思い出——冷戦終結のころ

〈一〉はじまり

「太田君、いっしょに勉強会をやらないか」

思想史家の藤田省三さん（一九二七～二〇〇三）からこう声をかけられたのは、一九九〇年九月一四日のこと。その日は、古在由重さん（一九〇一～一九九〇）の追悼集会が千代田区の九段会館で開催された日だった（古在先生、藤田先生ほか、以下に出てくる私と接点のあった先生方には先生と記すべきだという思いもあるが、学校制度のなかでお世話になった人はいないので、基本的に「さん」付けで書くことにする）。

九段会館（戦前は「軍人会館」）は、東日本大震災（二〇一一）で被災し、一時は営業を停止していたが、それはともかく、当日はこの会館に一二〇〇名ほどが集まって、追悼集会が開かれた。翌一五日付「朝日新聞」（東京版）には、この集会のことが短く報道されている。

藤田さんから勉強会の誘いを受けることなどまったく予期していなかった私は、とっさに、「どういうテーマの勉強会ですか」とたずねた。

「そりゃ、簡単よ。〈現代とは何か〉ってことだ」

「そうですか。では、お願いします」

やがてその「勉強会」は始まり、九三年二月まで二年余り続いた。

私にとって、その二年余りはじつに濃密な日々であった。そして、藤田さんの影響を強く受けるようになった。その二年余りののちにも、時折、電話でのやりとりはあった。

藤田さんから聞いたことをまとめておきたいと思い、あるいは、藤田さんの著作について、つまり藤田省三論を書こうと思って取りかかったことも一再ではなかったものの、まとまらないまま今に至った。その勉強会のころから、なんと二五年以上もの時が流れてしまった。しかし、当時聞いたことの一端であれ書き残しておきたい、書き残しておくべきだという気持ちは依然としてもっている。

話が少しさかのぼるが、九〇年三月の古在さん没後まもなく、追悼集会をしようという話がいくつかのグループや個人から出て、話がまとまり、実行委員会ができた。その「よびかけ人」は、家永三郎・加藤周一・久野収・徐京植・田中里子・遠山茂樹・緑川亨など一一氏であった。古在・藤田の両者は三〇年に及ぶ親交があり、藤田さんは、追悼集会の準備に打ちこんだ。私は、古在ゼミ（これについては後にふれる）メンバーだった関係で、追悼集会の実行委員になった。その実行委員会の事務局長格が、出版社（同時代社）を経営していた川上徹さん（一九四〇～二〇一五）だった。

私は藤田省三の名前はむろん知っていたけれども、藤田さんと直接に話をするようになったのは、この追悼集会の準備過程からだった。

古在由重追悼集ほか

藤田さんと私の接点は、勉強会以外でも三つのことで生じた。

まずは古在由重追悼集編集の仕事、次いで藤田さんの対談「マルクス主義のバランスシート」（『思想の科学』一九九一年七月号。のち、藤田省三著作集6の『全体主義の時代経験』一九九七年、所収）の校正の仕事、最後に、ローザ・ルクセンブルク『資本蓄積論』の翻訳に関連してである。

都内で高校の教員をしていた私は、一九九〇年四月に新設された一私立大学に転じていた。新設大学ゆえ、当初は一年生しか学生がいないので、授業負担は少なかった。それゆえ、追悼集会の事務局の仕事にかなりの時間を費やすことができた。川上さんとは密接に連絡を取るようになり、彼の出版社にも頻繁に出かけるようになった。

それにしても、思想史家として著名な藤田さんが、なぜ私ごときに勉強会をしようと声をかけてくださったのか。偶然の僥倖というしかない。

古在追悼集会はその準備過程も含めて、じつに興味深いものだったけれども、この集会自体については、「古在先生の思い出」のところで少しふれる。

藤田さんは、古在追悼集会に深く関わったが、その意を汲みながら精力的に動いた川上さんの政治的立場がなかなかに困難な状況にある（後述）のを見て、集会が成功裏に終わったところで、「川上君への〈緊急輸血〉（川上さんの言葉）として、勉強会をしてやろう」と考えたらしい。勉強会なら、もう少しメンバーがいてもよい、じゃあ、川上君と歩調をあわせて追悼集会の準備をした太田君もついでに入れてやろう、ということになったようである。そこで、冒頭に書いたような、藤田さんからの直接のお誘いになったという次第である。

私が藤田さんと親しく話ができるようになったのは、先にふれた古在由重追悼集の編集作業にも関連している。その編集の仕事は、追悼集会開催準備とほぼ並行して進行しはじめたと思うが、当時の私には時間的ゆとりがあったから、この編集の実務作業にかなりの時間をさき、その過程で、しばしば藤田さんにうかがいを立てた。たとえば、原稿がほぼ集まって、私が目次案を出したところ、

「この本の冒頭に置く文章をどうするのか」

という「問題提起」というか、「助言」をもらった。私はあちこち探し、吉野源三郎氏（一八九九～一九八一）が古在さんのことをスケッチした「大丈夫の風格もつ哲学者」という新聞記事、そして、古在さんが『河上肇全集』パンフレットに書いた全集推薦の辞「堅牢な知性、不抜の勇気」というふたつの短文をみつけ、「これでいかがですか」と、藤田さんにみてもらった。すると、その場でこれらを読んだ藤田さんは、

「いいだろう」

とだけ言った。そこでこれらが、序文のごとく冒頭に並んだ。この追悼集は、『古在由重　人・行動・思想　二十世紀日本の抵抗者』(同時代社、一九九一年七月）として刊行された。

追悼集編集作業の合間に、藤田さんは、新設の大学に移った私に訊いた。

「太田君は、どういう科目を担当しているのかね」

「日本文化史です」と答えると、では、こういう本を読みなさい、という調子で、文学関係のいろいろな本、小説などを紹介してくれたし、そのいくつかは勉強会のテキストにもなった。だが、そのことは本書のエッセイ「藤田省三さんから聞いた文学世界」(三八頁以下）に書いたので、ここではふれない。

追悼集の作業とちょうど時を同じくして、『思想の科学』に掲載された藤田さんの対談の校正を藤田さんから依頼された。この仕事は、当時の時代状況とも関連している。

時代状況と『思想の科学』対談

藤田さんとの交流が進んだ時期は、湾岸戦争の時期でもあった。イラクの指導者だったサダム・フセインがクウェート侵攻・占領を行ない、これに対し、アメリカを中心とする多国籍軍が組織されて、一九九一年一月にイラクへの空爆を遂行した。

この湾岸戦争が起こってまもなく、藤田さんは、中東問題に関する本を勉強会のテキストに選んだ。手はじめがサイードの『イスラム報道』(みすず書房、一九八六年）で、続いてイブラーヒーム・スース『ユダヤ人の友への手紙』（岩波書店、一九八九年）だった。それと並行して、藤田さんは私に「これを読みなさい」という調子で、アイケルマン『中東——人類学的考察』（同、一九八八年）と中岡三益『アラブ近現代史』（同、一九九一年）をすすめた。勉強会の別のメンバーは、ルイズ・フィッシャー『石油帝国主義』（新泉社、一九七四年）を読むといい、とその本を貸与された。

また、デイヴィッド・グロスマンの *The Yellow Wind*（一九八八）はいい本だから、訳してみたらどうかね、と藤田さんから言われた。その本を少し見たのだが、ほどなくこの本は、千本健一郎氏の翻訳『ヨルダン川西岸』として出版された。

湾岸戦争に関連して読んだ本は、私には一過性のものにとどまった（今これを書きながら藤田さんの推薦した本が、当時としては新しい本が多かったことに思い至った）。

先に時代状況と書いたが、その〈時代〉とは、何よりも一九八九年秋の「ベルリンの壁」崩壊に象徴される冷戦の終結ということであり、それはソ連や東欧の社会主義政治体制の崩壊に連なり、マルクス主義の退潮をもともなっていた。

そういう時期に、『思想の科学』は、そのリーダーだった鶴見俊輔氏（一九二二〜二〇一五）の了解に基づくものであろうが、「マルクス主義のバランスシート」という対談を企画し、その対談を藤田さんにもちかけたのだった。藤田さんは、この表題は適切でないと抵抗したというが、結局は、『思想の科学』側の意向というか、「年長の友人」である鶴見氏の意向にしたがうこととなった。

その対談の校正刷りが届いたとき、川上さんと私は、藤田さんからこの校正をしてほしいと言われた。この座談を収録した著作集6の「註」には、「この対談に於る藤田だけの発言量は六時間を超えていた」ので、「或る程度の削除は無理からぬこと」だったとある。川上さんと私が見た校正刷りは、すでに多くの削除がなされた後のものだったと思うが、藤田さんの依頼の意図は、校正それ自体にあったというより、校正作業を通じて、対談での藤田発言をよく読んでほしい、勉強してほしいというところにあったらしい。

校正の仕事を終えたとき、藤田さんは川上さんと私のために、中野駅近くに一席設けてくれた。じっさい、私はその校正刷りを読みながら、藤田さんの発言部分に圧倒された。驚くほど数多い本を縦横無尽に批評しつつ、本を読むことを、より的確に現実を把握することにつなげていると思った。藤田さんがこの座談会で言及した本のうちのいくつかは、勉強会のテキストにもなった。

勉強会

古在さんの追悼集と、『思想の科学』対談に関することでは、藤田さん、川上さんと私という三人で話をすることが多かったが、「勉強会」あるいは「読書会」は、読むテキストを決めて行われ、九〇年末から始まった。追悼集の仕事が終わったあとの九一年秋からは、月に一度くらいの割合で勉強会があり、そのメンバーには少し入れ替わりがあったけれど、九二年には藤田さん、川上さん、私を含め、六人のメンバーにほぼ固定した。

そして、この勉強会が九三年のはじめまで続いて、区切りとなった。それは、藤田さんが法政大学を六五歳で定年退職する直前の時期だった。まもなく、藤田さんに直腸ガンがみつかり、手術、そして闘病生活に入った。

今ふり返ればまことに遺憾なことだが、当初の一年間は、藤田さんに会った日時のメモやすすめられた書名のメモ以外、聞いた話の内容を、私はほとんど記録していない。私がしたことといえば、藤田さんから話を聞いた翌日から、すすめられた本を探し出して一心に読むことだった。九一年秋以降は簡略な記録を残したこともあるけれども、藤田さんのいろいろな発言を、過不足なく復元することは、今となっては容易ではない。しかし、当時読んだ本は残っているので、それらを参照し、すすめられた本の内容を想起しつつ、回想を書いておきたい。

〈二〉冷戦の終焉とソ連・東欧社会主義体制の崩壊

『スターリン時代』と『絶滅された世代』

藤田さんがこの勉強会の基本としたことはやはり〈現代〉を考えるということであったと、顧みて改めて思う。

川上さんへの「緊急輸血」と先に書いたが、事情は私にとってもあまり違いがなかった。それはまず社会主義とは何だったか、という問題であった。当時は、ちょうどソ連・東欧社会主義体制の崩壊期にも当たっていた。

私がまず衝撃を受けたのは、クリヴィツキーの『スターリン時代』（みすず書房、第二版、一九八七年）とポレツキーの『絶滅された世代』（みすず書房、一九八九年）であった。これらの本は、コミンテルンのメンバーになっていった人々が、スターリンによって少なからず「絶滅」させられた事態を記録していた。

私がこれらの本を読んだ時期からすでに二五年を経過している。今になってそれらについて書くことにどういう意味があるのか、疑問がないわけではない（じっさい、『スターリン時代』も『絶滅された世代』も、翻訳出版の時期はタイムリーだったにちがいないが、二〇二三年の時点では後者は品切状態になっている）。しかし、冷戦終結とソ連崩壊という時点で、「戦後精神」の担い手だった藤田さんがどういうことを考えていたのか、その一端の記録という意味はあろうかと考え、当時の藤田さんの発言の一部を復元しておきたい。

この二冊の本には、「絶滅」を推進した者たちのことも描かれていた。たとえば、チェカ、のちにはゲペウとか、いろいろ名称が変わるが、その最初のソヴェト秘密警察議長だったジェルジンスキーのことなど。

「君たちは」、と川上さんと私に、「ジェルジンスキーの銅像を知っているかね」と訊く。藤田さんが、「君たちは〇〇を知っているかね」と訊くときは、「君たちは知らないだろうが」という前提があったのだが、じっさい私のばあい、ほとんど藤田さんの推測通りであり、このときもそうだったし、私はそもそもジェルジンスキーという名前自体を『絶滅された世代』ではじめて知った。

ジェルジンスキーは、革命には「汚れ役」が必要だと認識していて、自らそれを引き受けたのだ。そして、ソ連時代には、各地にジェルジンスキーの銅像が建てられた。ソ連崩壊とともに、レーニンの銅像が引き倒されたが、ジェルジンスキーの銅像も同様だ、と藤田さんは解説した。

それからほぼ一〇年後、『グッバイ、レーニン!』(二〇〇三年)という映画を見たとき、レーニンの巨大な銅像が川船で運搬されるシーンが冒頭に出てきて、これは引き倒された像だとわかり、藤田さんの話を思い出した。

ソ連の解体という現代史的事件のなかで生じて来た銅像の引き倒しは、今ではほとんど忘れ去られているかもしれない。しかし、ソ連各地のさまざまな銅像の引き倒しは、それを実行した人びとの関心、意識のありようを如実に物語るものであった。

この『絶滅された世代』の日本語訳には、F・W・D・ディーキンの「英語版への序文」が付けられている。そこには、「レーニンとロシア・ボルシェヴィキ党に支配された世界革命の将来を深く信じた一九一七年のヨーロッパ青年世代」が、ことに、中部ヨーロッパで生まれた六人の若者たちが、やがてスターリンによって「絶滅」させられることを描いたこの本の意義が説明されている。

この二冊について思い出深いのは、まず、藤田さんの「再現能力」とでもいうべきもので、これらの本に描かれたジェルジンスキーが語っているところを、手元に本をもたないまま、よどみなく再現し、そのみごとさに呆然とした。

未來社の編集者として、藤田さんの『天皇制国家の支配原理』編集を担当し、のち影書房を創業した松本昌次（一九二七～二〇一九）さんにこういう話をしたら、松本さんは次のようなことを話してくれた。いつだったか、藤田さんから、原稿の一部を直したいと電話をもらったが、それがひとつ読点を入れたいということだった。ご自分の打った読点の位置まで記憶しているのかと松本さんは驚いたというのである。私もさもありなんと思い、松本さんと、「すごいですねえ」とことばをかわした記憶がある。

再現能力とは別のことだが、ディーキンについて（であろう）発言も印象に残る。

藤田さんは、リヒャルト・ゾルゲについて関心を持ち、ゾルゲについて書いてみようと考えたことがあるという。しかし、ゾルゲについては、話は日本国内だけでは終わらない。世界的な広がりのなかで考えなければならないのだが、あるとき、そういうことを調べて書いた本が出て、ゾルゲについて書くのは止めた、ということだった。その書名を聞いたかどうかは記憶にないが、おそらくディーキン他の『ゾルゲ追跡』（筑摩叢書、一九八〇年）だと思う。ディーキン（一九一三～二〇〇五）は、オクスフォード大学のセント・アンソニー・カレッジに属していた歴史家である。

つまり、「張り合う」相手がいわば世界的だった。たとえば、著作集5『精神史的考察』に付された「著作集版へのまえがき」に、この『精神史的考察』、とりわけその冒頭近くに置かれた「或る喪失の経験――隠れん坊の精神史――」が「偉大な古典学者ジェイン・ハリソンに些か張り合った形で」書かれたことを告白している。

また、藤田さんのレーニン論、すなわち、「『プロレタリア民主主義』の原型――レーニンの思想構造――」（一九六四年。のち、著作集3『現代史断章』所収）について、「ぼくのレーニン論に匹敵するのは、ルカーチのレーニン論だけだよ」と語っていた。

「禁書目録」

クリヴィツキーの『スターリン時代』もポレツキーの『絶滅された世代』も、藤田さんがすすめてくれなかったらたぶん存在自体も知らなかったと思う。そのあたりのことを、藤田さんは次のように言った。

〈敵〉の作品も読まなければならない。レーニンの『帝国主義論』だけ読んで、ホブソンやヒルファーディングやローザを読まないのはおかしい。日本のマルクス主義者も昔はホブソンなどを読んでいた。君たちは、レーニンの『唯物論と経験批判論』は読んでも、レーニンがそこで批判したマッハは読まない。だが、マッハの『感覚の分析』などは面白い。たとえば、感覚的自己認識は鏡を媒介としなければ不可能だとして、鏡を媒介としないで、自我像がどれだけ描けるかと、その像を描いているところなど。もっとも今マッハの著作を読んでいる暇はなかろうが。マルクスだって、まさしく〈敵〉である資本の構造と論理を、いかなる資本家も及ばない形で描き出したわけだ。

レーニンの『唯物論と経験批判論』には政治的背景がある。経験批判論は懐疑論につながり、それは熱狂を必要とするイデオロギー的政治活動にとって有害だという判断がレーニンには働いたと思われる。つまり、懐疑論はダメだ、ということだ。

ここに述べられたことは、その後、著作集3にある「『プロレタリア民主主義の原型』への補註」に、より立ち入った形で説明されている。

今にして思えばおかしな話だが、私はたしかに、大学生のころからレーニンの『帝国主義論』はくり返し読んだけれども、ホブソンもヒルファーディングも、ローザ・ルクセンブルクの帝国主義論である『資本蓄積論』も、それまで読んだことはなかった。読んだことがないという表現は、正確ではない。少なくとも私のばあい、これらの著作はレーニンの『帝国主義論』によって「克服」されたのだから読む必要がないと考えていた、というのが正直なところである。もっとも、『唯物論と経験批判論』については、私には面白いとはさっぱり思えず、途中で投げ出していたが、さりとて、マッハを読もうとも思わなかった。「正統派」の信仰者が「異端者」を見る精神状況でマッハの著作を考えていたといえばよかろうか。

つまり、マルクス主義を正しいと認めたことが、自分のなかで自発的に「禁書目録」を作ることにつながっていたのである。マッハの本は、自ら作り上げた「禁書」の一つであった。自らを「正統」と考え、勝手に「禁書目録」を作ってしまうというのは、普通に考えれば尋常ではないだろう。「独断」にすぎない。そのドグマ的な意識を、藤田さんがすすめてくれた本が打ち砕いたといえる。

別の例として、ジョージ・オーウェルのばあいを挙げよう。私はむろんオーウェルの『動物農場』や『一九八四年』は読んでいた。しかし、その『カタロニア讃歌』は、私にとって「禁書」の一つだった。しかし、古在追悼集会を準備する過程で、藤田さんのすすめがあり、私は『カタロニア讃歌』を読み、圧倒された。藤田さんは、ここに描かれているスペインの状況が、事実に近いのだと言われた。そのことと、クリヴィツキーの著作の記述が符合して、私に迫ってきた。

それと前後して、ドイッチャーの『スターリン』も読んだ。これはじつに面白かった。しかし、考えてみれば、ドイッチャーは、隠れもなき「トロッキスト」であった。

『全体主義の起原』との出会い

クリヴィツキーやポレツキーの本の衝撃に追い討ちをかけるようにしてすすめられて読み、勉強会のテキストにもなった作品が、クロスマン編『神は躓ずく』だった。これは、一九二〇年代から四〇年代に、共産党に入党したり「同伴者」となったりした人びと、コミンテルンで働くためモスクワに行ったというような経歴の持ち主など（たとえばアンドレ・ジイド、アーサー・ケストラー、スティーブン・スペンダー、リチャード・ライトなど）が党を離脱していく過程をそれぞれに記録した文章を集めた本である。

藤田さんがこの本を読んだのは、彼の共産党時代だったという。藤田さんは、東大の「ポポロ事件」（一九五二年）をきっかけに共産党に入党したというが、その際、ポポロ事件に決着がつけば離党するつもりで入党したとのこと。「ぼくはいつ辞めるかを計算した上で入党したんだが、こういうように考えて入党する人は少ないようだな」と言われた。

藤田さんは、入党後まもなく『神は躓ずく』を読んだが、当時の東大の共産党組織のなかで、この本の内容を周囲に語ることはただならぬ結果を招来すると認識して、絶対に周りにはしゃべらないように決めたし、この本を読んだという人に出会ったこともなかった」とのことであった。藤田さんの持っている『神は躓ずく』(訳書、一九五〇年。のち、ぺりかん社、一九六九年)を見せてもらったが、至るところに大きく丸が書かれるなど、気合いを入れて読んだ痕跡の生々しい本だった。

同じころにすすめられたミラン・クンデラのいくつかの作品、特に『冗談』や、ルィバコフ『アルバート街の子供たち』などの小説も読み、「全体主義」のありようを深々と知らされた。同じ文脈で、出版されて間もない高杉一郎さん(一九〇八~二〇〇八)の『スターリン体験』(岩波書店、一九九〇年)をすすめられて読んだ。しばらくのちに藤田さんに会うと、「太田君、高杉さんの『スターリン体験』、読んだ?」と訊かれ、「はい、読みました」と答えると、

「あの本で、高杉さんは宮本百合子のことを中條百合子と書いているばあいが多いだろう。あれには含みがあるんだよ」

と、面白そうに語っていたことが印象に残るが、その意味についての説明は省略する。

シベリア体験の記録・考察という意味では、高杉さんのこととともに、石原吉郎(一九一五~七七)

のことがしばしば話題になり、その『望郷と海』は、勉強会のテキストのひとつとなった。

私にとって何より決定的だったのは、ハンナ・アーレントの『全体主義の起原』だった。ことにその第三部「全体主義」は、「世界観」としてのコミュニズムの特性がいかなるものかを説明し、その「構造」を白日の下にさらけ出す記述があふれていた。

『全体主義の起原』を読んだことを藤田さんに話すと、「アドルノたちの『啓蒙の弁証法』の記述と比べて、どうかね」と訊かれたので、アーレントの方が明晰だと思いますが、と答えると、「そうだろう」と、うなずいた。

さらに、マルガレーテ・ブーバー＝ノイマンの『カフカの恋人ミレナ』（平凡社、一九七六年）も衝撃だった。これは、ソ連の強制収容所とナチスの強制収容所の両方に放り込まれた人のことを書いた本であり、両方の類似性の証言であって、『全体主義の起原』の記述の具体的例証に他ならないと思えた。これも勉強会のテキストにもなったヤノーホの『カフカとの対話』で読んだカフカの像の迫真性も『カフカの恋人ミレナ』の迫真性の確認につながり、私のなかで『全体主義の起原』と共振作用を起こした。

こうした読書すなわち「緊急輸血」を通じて、「マルクス主義」に対する私の考えが変化した。「独断のまどろみ」から揺り動かされ、マルクスは、特別の思想家ではなく、思想家の一人にすぎないという当たり前のことを強く感じるようになった。

ただ、それは、藤田さんのばあい、反マルクスということではなかった。たとえば、資本主義がどのように成立したかという叙述をしているマルクスの『共産党宣言』の前半は素晴らしい、しかし、運動の「綱領」的部分である後半はダメだ、と語っていたが、そういう評価の仕方を私も学んだ。

同じころにすすめられた本として、哲学者のB・ラッセルの著作『ドイツ社会主義』（原書＝一八九六年、翻訳＝みすず書房、一九九〇年）と『ロシア共産主義』（原書＝一九二〇年、翻訳＝みすず書房、一九九〇年）があった。後者は、一九二〇年、つまり、ロシア一〇月革命から二年半後、イギリス労働党代表団とともにロシアを訪問したラッセルが、レーニンやトロツキーと会い、都市や農村で人びとと対話をかわし、それをもとに書いた本で、なかなか的確な予言に満ちた本だった。こういう冷静な目があったのかと、驚嘆した。

中国の観察という点では、オーウェン・ラティモア『中国と私』（磯野富士子編・訳、みすず書房、一九九二年）もすすめられて、読んだ。「磯野富士子さんの訳はいいですよ。この本をぜひ読んでください」と藤田さんは言っていた。

また、「アウシュヴィッツのあとに」ということを強く意識した批評家に、G・スタイナーがいたが、彼の『言語と沈黙』（せりか書房、上＝一九六九年、下＝一九七〇年）もすすめられた。この評論集には「マルクス主義と文学」とひとくくりにされた評論群があった。非マルクス主義の立場からの鮮やかな評論が並び、じつに刺激的だった。

『資本蓄積論』の翻訳

少し後のことになるが、私は藤田さんのすすめもあって『資本蓄積論』を第三部だけながら訳すことにした。第三部だけとしたのは、ここがいわば歴史篇であって、もっとも面白いと私には思われたからである。それに、全体の翻訳は、経済学の専攻でもない私には無理だと思った。異例の形だが、訳すのは第三部だけにしたいと藤田さんに伝えると、「いいだろう」という話になった。戦前に岩波文庫で出た長谷部文雄訳があったから、それを参考にしながら訳した。長谷部訳に明らかに誤訳と思われるところがあり、そのことを藤田さんに話すと、そのことは面白いからぜひ書いておくようにと言われた。

訳文ができあがったころであったと思うが、藤田さんと電話で話した。『資本蓄積論』の翻訳の「解説」をどう書くか、という話だった。ハンナ・アーレントは、ローザの『資本蓄積論』がもっともすぐれた帝国主義論だと考えていたと語り、そして、次のように書きはじめるのがよいという、指示ともいうべきことをいただいた。

資本主義〔市場経済〕は、一定期間ごとにマルクスの言う本源的〔原始的〕蓄積を繰り返さなければならず、そのために資本主義経済の外に非資本主義的な経済や「自然経済」を必要とするシステムである。ローザ・ルクセンブルクはこのように考えたがゆえに、彼女の主著のタイトルを『資本蓄積論』としたのである。

こういう文言を、「解説」の冒頭に入れるとよい。「そうすると、迫力が出る」というのであった。具体的な「指示」はそれだけだったが、私は電話で聞いたその文言をメモし、訳書冒頭の「訳者まえがき」に書き込んだ。そして、一九九七年に出版に至った。

本ができあがって同時代社に納入されたとき、私は藤田さんに電話した。すると藤田さんから、「よくやった」とお褒めのことばをいただいた。そして、「これから、ぼくの家に来なさい。ただし、今、体調がよくないので、家の近くに来たら、もう一度確認の電話をください」と言われた。むろん、喜んですぐに出かけた。しかし、お宅の最寄り駅に着いて電話すると、「やはり体調が悪いので、会えない」と言われた。予想していたことではあったが、残念であった。

この『資本蓄積論』は、まずまずの売れ行きで、数年後に川上さんから増刷したいという申し入れがあった。そこで、訳文などを一部手直し、「解説」も増やして、「新訳増補」として出版(二〇〇一年)した。これも、数年で売り切れたらしい。世の動向を見据え、それに応じる本を選ぶ藤田さんの着眼の的確さ、慧眼に感じ入った。

ローザの仕事が終わったら、イギリス資本主義の歴史的展開を記述している『資本論』第一巻第二四章「資本の本源的蓄積」だけでいいから、太田君が訳して川上君のところから出しなさい、と何回か言われた(結局その出版には至らなかったが)。

この発言からもわかるように、藤田さんはマルクスにしても、一方では高く評価することを止めなかった。こうした評価と批判という視点は、一九六〇年代の藤田さんのレーニン論「プロレタリア民主主義の原型」にも貫かれている。

一八六〇年代以降、いろいろなタイプの資本主義批判が現れた。マルクスの『資本論』による資本主義批判も同時代の現象だし、マルクスも、そういう資本主義批判者たちのひとりだと考えれば、反共主義者になる必要もないし、逆に、祭り上げる必要もないのだ、と言われた。

マルクスが資本主義批判者たちのひとりに過ぎないことは、非マルクス主義者からすれば常識だろう。しかし、それが常識ではないのが、「マルクス主義者」となった（と思った）人間の「独断」というものであろう。その、いわば囚われたメンタリティから脱却するようにと、藤田さんは川上さんや私に付き合ってくれたのだと思う。

川上さんから聞いた話では、九六年ころ、闘病中の藤田さんから電話があり、「君たちの読んだマルクスは、スターリン主義のフィルターのかかったものだ。そういうフィルターをはずしてマルクスを読み直し、週に一回勉強会をして〈現代〉を考えるための「マルクス選集」を作ったらどうか」と言われたという。「君たちは知らないだろうが、エンゲルスがほとんど第一次世界大戦の予言をしているような部分がある。そんなものを含めて選んでみたらどうか」とのことだった。だが、この「マルクス選集」に向けた勉強会も、実現には至らなかった。

このときの藤田さんの意図を、藤田さんとも親しかった萩原延壽氏（一九二六〜二〇〇一）がその『自由の精神』で用いた言葉を拝借して表現すれば、マルクス主義を「最終的な世界観」としてではなく、「社会認識の方法」のひとつとして保持すべきだと、藤田さんは考えられたのであろう。

〈三〉 自然哲学と相互扶助論

本をどう読むか

藤田さん晩年の「全体主義論」に深く関わっているのがアーレントの『全体主義の起原』であることはいうまでもない。藤田さんは、アーレントの『全体主義の起原』は、記念碑的書物だ。一九世紀の『資本論』、二〇世紀の『全体主義の起原』と言ってよい、と言われた。

ついでながら、本の読み方についての話も印象深かった。残っている私のメモによれば、藤田さんは、

これは、という書物は一週間くらい手元に置き、枕元に置き、ひたすら読む。そして、本当に意味があるとなったら数カ月かけて読んできた。そのようにして読んだものが、マルクスであり、カントであり、山田盛太郎であり、アーレントだった。一回はじっくり通読し、何度もくり返し読む。『全体主義の起原』は、一〇回くらい読んだ。一回目は時間がかかるが、あとはそれほどには時間がかからない。

また、これはと思った本のばあいは、それらの書物に挙げられた参考文献・引用文献にも当たりながら読む。たとえばアーレントのばあいならコンラッドの『闇の奥』など。そうした文献の

質や、その読みがきちんとしているかどうかなどが、書物の価値を判断する手がかりになる。

たとえば、『全体主義の起原』第二部に出てくるセシル・ローズに関して、アーレントはミリンの本を使っている。で、ミリンの本に当たってみる。それによって、ミリンの本を踏まえているかどうかで、セシル・ローズ研究の水準がわかることになるのだ。

と言われた。

藤田さんは、一方では、「この言葉は、覚えておいて損はない」と、いろいろな本の「断片」を、文言とともに挙げたけれども、他方では、自分の取り組んでいる本の「論理の骨格をつかむことが大事だ。レントゲンを撮るように」とも言われた。

九三年二月の勉強会のテキストは『全体主義の起原』だった。三月にも勉強会は予定されていたが、藤田さんの体調不良のため、中止となり、以後、この勉強会は開かれなかった。ただ、藤田さんから川上さんへはしばしば電話がかかり、川上さんからその話を聞き、また、私も回数はごく少ないながら、電話をいただいた。

自然哲学

藤田さんは、九四年ころには、文字を書くこと自体が身体的に著しく困難になった。そのころいただいた電話でうかがったことのなかに、「自分にはやり残したことが、二、三ある。そのひとつは自然哲学について書くことだ。いろいろ準備はしてきたが、ぼくにはもう書けない」という言葉があった。

ここでいう「自然哲学」がどのような内容なのか、うかがうことはできなかった。だが、藤田さんとの勉強会では、ローマ・クラブ（著者としてはメドウズ他）の『成長の限界』（日本語訳、一九七九年）をふまえた、同じくメドウズたちによる『限界を超えて』（日本語訳は一九九二年）が取りあげられたから、これらの著作に扱われたようなことも、「自然哲学」には含まれるのだろう。また、藤田さんが先にふれた対談「マルクス主義のバランスシート」などでも強調したところだが、アルセーニエフの『デルスウ・ウザーラ』が描いたデルスウのような生き方も、そこに含まれるはずだったのだろう。

さらには、レイチェル・カーソン『沈黙の春』（一九六二年）の意義も強調されていた。勉強会では、『沈黙の春』を読むということはなかったが、カーソンについては、カドリンスキーの『レイチェル・カーソン』（佑学社）を読んだ。これは、子ども向けの本である。また、J・S・コリス『光』『森』という著作も、勉強会のテキストになった。

イブリン・ホン『サラワクの先住民』のことも話題になった。また、レヴィ＝ストロースの『悲しき熱帯』についても、ブラジル先住民の居住地域がどのように「開発」されたかという点からの読みを示してくれたが、それも、藤田さんの考える「自然哲学」の一部に含まれるものであったのだと今にして思い返す。

そういえば、あるとき藤田さんから電話がかかってきて、「太田君、コーナーの『植物の起源と進化』（八坂書房、訳は一九八九年）を読むといい」と言われたことを思い出す。さっそくこれを読んだが、題名からわかる通りの内容で、これが藤田さんの考える「自然哲学」とどうつながるのか、残念ながら私にはわからなかった（勉強会のテキストにもならなかった）。

藤田さんのいう「自然哲学」は、藤田さんが語った「現代日本の精神」（『世界』一九九〇年二月号、所収。著作集6）に名前が出てくるコンラート・ローレンツや、ジュリアン・ハックスレーの所説——それは、西欧の「自己批判」でもあるというのが藤田さんの意見だった——とも密接に関わるものであったと想像される。藤田さんのいう「自然哲学」は、おそらくそういう「自己批判」を含むものであったのだろう。

それから、「やり残した」ことのうち、「自然哲学」以外のことが何だったのか、直接にうかがった記憶はなく、私から積極的に訊くことは、藤田さんの体調を考えれば、はばかられた。

『相互扶助論』など

その少しあとで、川上さんは、クロポトキンの『相互扶助論』を同時代社から出版（一九九六年）した。これは、大杉栄訳（一九一七年）の文字遣いを現代風に改めて出版したものだが、私自身はこの出版には関わっていない。藤田さんが川上さんに「相互扶助」の重要性を説き、この本を推薦し、出版に至ったものとのことで、わりあいによく売れたらしい。
藤田さんは川上さんに、次のように言ったという。

この『相互扶助論』を総論として、各論を出すとよい。医療における相互扶助、金融における相互扶助（つまり講）、老人介護における相互扶助、教育における相互扶助など。こういう相互扶助が、企業サイドに取り込まれないようなものとして存立できるかどうかが、今後の社会のあり方を決める上で非常に大きな問題となるだろう。

また、発行部数は多くなくても、一定部数売れるものをコンスタントに刊行できれば、小さな出版社はやっていけるのだと藤田さんは言っていた。川上さんも『相互扶助論』の売れ行きでそれを実感したようである。

この『相互扶助論』も「自然哲学」的側面をもっているが、それはともかくとしよう。要は、クロポトキンの説いた「相互扶助」に、現代的意義があると藤田さんが考え、それは少部数であっても必ず売れると考えたということである。ふり返れば、一九九五年に起こった阪神・淡路大震災と、その後に展開された救援活動の様子などをみた藤田さんは、「相互扶助」の意義、その後に市民権を得たことばなら「ヴォランティア」であろうが、それに着目したのではなかったか。

クロポトキンの『相互扶助論』が同時代社から刊行されたころ、川上さんから聞いた話がある。

それは、藤田さんが「君たちには、ハンナ・アーレントを読むようにすすめたが、それはもう卒業して、今度はベルジャーエフを読むのがよい」と電話してきた、というものである。

ベルジャーエフという名前自体は「有神論的実存主義者」「宗教哲学者」として、私も学生時代から知ってはいた。また、アーレントの『全体主義の起原』には、ベルジャーエフの著作からの引用が何ヵ所かあり、アーレントもベルジャーエフを評価していることは知っていた。また、六〇年代の藤田さんのレーニン論にもベルジャーエフからの引用があり、藤田さんが「ベルジャーエフを引用しながらレーニン論を書くなんてことをした人はいないよ」と、誇らしげに語っていたことも記憶していた。

そこで、ベルジャーエフの著作のうち、まず彼の自伝を読んで驚いた。そこに横溢するベルジャーエフの「不羈（ふき）独立」の精神、抵抗の精神が、藤田さんの精神に共通するところがあると感じられたからである。

川上さんに聞くと、「そういえば、藤田さんは、ベルジャーエフがソ連を去る話のところがよいと言っていたよ」と言ったのだが、それはこの自伝のことであろう。ロシア革命時代のロシアに生き、一九二二年にソ連から追放され、ベルリンを経てパリに移ったベルジャーエフ。アーレントに先んじて、ソ連やナチスを「全体主義」と名づけていたベルジャーエフだった。

「戦争と関係のある一切のものを、私はにくんだ。どんな種類の暴力行使にも、私は反感をいだいた」とか、「私の全生涯を通観するとき、私は、私が誰かの権威、何かの権威を是認したことはかつて一度もなかったことに気づく」とか、「私は自由を限りなく愛するが、どんな魔法的雰囲気も自由に対立するものなのである。私はつねに人格の独立のために戦う」と、ベルジャーエフは書いた。この「魔法的雰囲気」を、藤田さんの言う「安楽全体主義」に重ねれば、どうだろう。

藤田さんの論文「『安楽』への全体主義」（一九八五年）では、「安楽全体主義」の性格が次のように述べられている。

抑制心を失った「安楽」追求のその不安が、手近かな所で安楽を保護してくれそうな者を、利益保護者を探し求めさせる。会社への依存と過剰忠誠、大小の全ゆる有力組織への利己的な帰属心、その系列上での国家への依存感覚、それらが社会全般にわたって強まって来ているのは、其処に由来する。この現状の中では、例えば会社への全身的な「忠誠」も、不安に満ちた自己安楽追求の、形を変えた別の現れに他ならないから、そこには他人に対する激しい競争や抑制の無い蹴落しが当り前の事として含まれている。（『藤田省三著作集6』三九～四〇頁）

こうした現代的状況を打破していく方向は一義的ではないだろうが、その方向性のひとつを、藤田さんはベルジャーエフのなかに見たのではないか。そんなふうに、私はベルジャーエフの自伝を読んだ。

クロポトキンにしてもベルジャーエフにしても、その著作はつとに日本に紹介されていたものであるけれども、必ずしも読まれ続けていたとはいえない。それを、藤田さんの考える〈現代〉的課題に即して再評価しようというのが、藤田さんの意見だった。ローザ・ルクセンブルクの『資本蓄積論』も、冷戦終結後の世界を考えれば、再読される意味がある。そのように藤田さんは考えたのであろう。

残念ながらベルジャーエフについても、私は今に至るまでその自伝を読んだだけである。

私の受けた影響

私は、藤田さんとの勉強会で読んだところを軸にして、『レイチェル＝カーソン』（清水書院、一九九七年）と『ハンナ＝アーレント』（同、二〇〇一年）を書いた。これらは、藤田さんに教えられたからこそ、読もう、そして書こうという気になったものであった。

そのこととは別に、藤田さんとの出会いは、その後の私に大きな方向性を与えてくれた。そのひとつは、先に少しふれた高杉一郎さんとの出会いである。高杉さんにはじめてお目にかかったのは、私が『石原吉郎評論集』を「同時代社編集部」編として出版した二〇〇〇年であった。その本を高杉さんに贈ったことで、原宿にあった高杉宅を訪問させてもらうと、私の経歴をたずねられた。そこで、その説明のなかで、「藤田省三先生のところで勉強しました」と話すと、高杉さんは、「藤田さんにはお世話になった」とずいぶん喜ばれた。高杉さんが、それまでなんの交流もなかった私を受け入れ、たび重なる訪問を許してくださったのは、藤田さんとの関わりが大きくモノを言ったからだと思っている。

もうひとつは、日本近現代史家の松尾尊兊さん（一九二九〜二〇一四）との出会いである。私が『若き高杉一郎』（未來社、二〇〇八年）を出したとき、松尾さんにこれを献呈し、手紙も差し上げ、高杉さんとの出会いのきっかけを作ってくださったのは藤田先生だと書き送ったところ、松尾さんは大いに喜ばれ、「愉快だ」と返信をくださった。

私の『清水安三と中国』（花伝社、二〇一一年）は、松尾さんのおすすめなしにはあり得なかったものである。二〇〇八年からその逝去のときまで、松尾さんを京都に年に一度ほどだが、訪ねることを受け入れていただいたのも、私に藤田さんとの交流があったからだという思いを強くする。

話が前後するが、勉強会をしているころ、時折、私の書いた原稿や抜刷を藤田さんに読んでいただいた。あるとき、

「太田君、この原稿はだれに向かって書いているのか」

と訊かれた。やや意表を突かれた感じで口ごもっていると、

「ぼくは、原稿を書くときは、丸山〔眞男〕先生に読んでもらうということを考えて書いた」

と言われた。

このことばには大いに納得し、もって銘すべしと思った。しかし、このおふたりの関係を考えれば、いささかの違和感も残った。というのは、藤田さんの初期の代表作『天皇制国家の支配原理』が丸山

先生に読んでもらうことを念頭に書かれたというのは百パーセント納得できるが、『精神史的考察』（一九八二年）以降の作品も、初期と同じ意味で丸山先生を想定していたかどうか。丸山批判という意味合いが含まれていたと思うので、疑問も生じる。

けれども、そのことは、残るスペースでは書き切れない。別の機会を俟つしかない。

藤田省三さんから聞いた文学世界

文学からくみ出す努力

藤田省三さんの主宰する勉強会は、一カ月に一度ほどのペースで、いくつかの場所で行われたが、一年ほどすると、ほぼ西武新宿線の某駅近くの店になった。夕方六時にはじまり、たいていは終電の時刻まで、杯を傾けながら話が続いた。ときおりだが、個人的に、あるいは川上さんと藤田さんのお宅にうかがったこともあった。ともかく、藤田さんの話が聞きたかった。

藤田さんが二〇〇三年五月二八日に亡くなったあと、『朝日新聞』（六月五日付朝刊）に、「思想史家・藤田省三さん死去」という見出しの記事が出た。そこには、

「戦後を代表するリベラル派知識人の一人で、天皇制の精神構造の分析で知られた思想史家の藤田省三さん」は、「東大時代の師の丸山真男氏の学問的系譜を受け継ぎ、西欧近代主義的な価値観を尺度に、『天皇制国家の支配原理』（66年）、『維新の精神』（67年）などで、天皇制、明治国家の体制原理などを分析、批判した」

「また、鶴見俊輔氏、久野収氏との共著『戦後日本の思想』（59年）、思想の科学研究会で取り組ん

だ『共同研究　転向』(59〜62年)でも知られる」とあった。この略伝のまとめ方が妥当かどうかいささか疑問なところがあるが、それはさて措こう。続けて、「幕末明治の青年の気風」と題された鶴見俊輔氏の話が、あわせ掲載されていた。そこでは、

幕末から明治への移りゆく時代の青年の気風を感じた。転向に関する私たちの共同研究を彼は引っ張り、創造の気分を作った。その後、彼は鬱屈の時代に入り、苦痛から力をくんで書き続けた。『維新の精神』『精神史的考察』『全体主義の時代経験』は、思想の底にある文学からくみ出す努力の所産だった。彼は最も朗らかな年月を「転向」研究に惜しげもなく割いた。この偶然に感謝する。

と述べられていた。この鶴見氏の話に出てくる「思想の底にある文学からくみ出す努力」ということばに、いささか意外性をおぼえ、ときおり思い出して、反芻した。

ここにいう「文学」はなにを念頭に置いたものなのか。たとえば、藤田省三著作集5『精神史的考察』には、「史劇の誕生——『保元物語』の主題についての一考察」があり、この著作集5の「追補」に、「『野ざらし紀行』についての覚書き」がある。これらをあわせ読み、鶴見氏のいう「努力」を読みとることが必要かもしれない。ただ、藤田さんの著作集全10巻を通覧しても、文学関係のことを主題として、あるいは主たる素材として書かれたものは少ない。それが、私が「意外性」をおぼえた理

由である。

とはいえ、私が参加した上述の勉強会では、文学の話はしばしば出た。そこでここでは、その勉強会の様子や藤田さんから聞いた文学関係のことを中心に記しておきたい。

長谷川四郎『鶴』と北條民雄『いのちの初夜』

最初に藤田さんが勉強会のテキストとして指定したのは、長谷川四郎（一九〇九～八七）の連作短篇集『鶴』（一九五三年）で、その講談社文芸文庫版（一九九〇年七月刊）をという指示だった。長谷川四郎は一九四四年に召集を受け、四五年にシベリアに抑留された。日本への帰国は一九五〇年となった。

私は、長谷川四郎については、その名前を知っているだけだった。高杉一郎『新版　極光のかげに』（冨山房百科文庫、一九七七年）冒頭の鶴見俊輔「解説」に、

社会主義国についての現実的な肖像は、一九四五年に日本が戦争に負けてから、はじめて日本人によってえがかれたと言ってよい。高杉一郎の『極光のかげに』は、その一つで、長谷川四郎、石原吉郎の文章とともに、戦争の捕虜として収容所の中からこの社会主義国家を見た記録である。

とあって、名前は印象深く記憶していた。とはいえ、それ以外のことは知らず、『鶴』ではじめて長

谷川四郎の文学世界に接した。作者の「戦争体験」を背景として書かれたこの作品も「戦争文学」には違いないけれども、静謐な雰囲気をたたえていたし、その文章がじつによかった。

連作短篇集である『鶴』は、七つの短篇で構成されているが、「鶴」「脱走兵」「選択の自由」という日本兵のことを描いた三つの短篇をはさみ込むように、「張徳義」「ガラ・ブルセンツォワ」「可小農園主人」「赤い岩」という、日本人以外の人物を軸に描いた四つの短篇がならんでいた。私はその点に着目し、日本人の世界を超えたようなその鳥瞰的なまなざしが、悠然として飛翔する鶴に象徴されているように思われます、といった意味のことを、その勉強会のときに感想として述べた。このときの勉強会参加者は、たぶん二〇人以上もいて、ひとりひとことの感想が求められたのだった。そういう大人数の参加はこのときだけで、「大」の勉強会ではなく、「小」の勉強会にしようということになった。

その「小」の勉強会の最初のテキストは、北條民雄（一九一四〜三七）の『いのちの初夜』（角川文庫）で、これも短篇集だった。作者の名前もはじめて聞いた。読みはじめると、それは「癩病（ハンセン病）」の世界を描いたものだった。

この勉強会の前に藤田さんに対して私が描いていたイメージは、『天皇制国家の支配原理』をはじめ、先の朝日新聞の記事の紹介にも出てくる『戦後日本の思想』や『転向』の思想史家、あるいは、一九六〇年の「安保闘争」を描いた日高六郎編『1960年5月19日』（岩波新書）の一部を執筆した運動家の側面をもつ藤田さん、『現代史断章』（未來社、一九七四年）のレーニン論を書いた理論家の藤田さんというものであった。かれの『精神史的考察』（平凡社、一九八二年）もむろん読んではいたし、今思えば、この著作は藤田さんの思索の新たな展開を示すものであったが、それ以前の著作の方が、当時の私のイメージのなかでは、印象が強かった。それが、『鶴』と『いのちの初夜』と続いて、私はいささか意表をつかれた感じだった。

この後者の冒頭の短篇が「いのちの初夜」であった。この短篇は、主人公が武蔵野の雑木林のなかにある病院に入っていくところから始まる。

藤田さんは、「君たちは知らないだろうが」という調子で、まずは周辺的なことを説明してくれた。癩菌というのは感染力の弱い菌だから、それがハンセン病は遺伝によるものだと考えられる条件になったのだということなど。

勉強会参加者のだれかが、この作品のめざす先はなんでしょうか、「再生」といったようなことでしょうか、と言った。かれは、藤田さんの『精神史的考察』の冒頭論文「或る喪失の経験」などにみえる「回復と再生」ということばを念頭に置いていたものであろうか。

藤田さんは言下に否定し、当時のハンセン病は「不治の病」であったから、「再生」はなかったのだ、と応じた。

『鶴』『いのちの初夜』で藤田さんが強調したのは、「見る」ということだった。

『鶴』も、満州の国境線にあって、敵の動向をうかがう兵隊、そこに突如として現れた鶴を見つめる兵を描く。『いのちの初夜』では、ハンセン病患者がおのれを「見る」。

ただ「見る」だけ、というのは、ばあいによっては大変なことだよ、ともかれは言った。北條民雄のばあいも、「見る」ことしかできないのだ、というのである。社会的・政治的な運動への関心の強い川上さんを念頭に置いたことばだったと思うが、私のばあいもあまり事情は違わなかった。

藤田さんは先の『鶴』の勉強会で、中野重治が長谷川四郎の『鶴』について述べた一文を紹介してくれた。そこにはたしか、長谷川四郎は「静かに語る人である」とか「確かに見ている人である」といった意味のことが書かれていたと思う。つまり、中野も「見る」ことを重視していた。

その「見る」ということと関連して、カフカの『観察』という作品を、「これは、翻訳もいいよ」と紹介してくれた。また、「観察」というのは、大事だよ。君たちは、ヘビの脱皮を知っているだろう。だけど、その脱皮のとき、眼の部分はどのように脱皮すると思うかね。カーソンの伝記、カドリンスキーによる伝記に、その脱皮の様子が書いてある。レイチェル・カーソンは、よく観察していたんだね。そう言って、その記述をあたかも自分が見ていたかのように再現して語ってくれた。

ハンセン病といえば、君たちは、井伏鱒二の『へんろう宿』というのを読んだかね。この作品に出てくる女性は、あきらかにハンセン病。そういうひとが、社会のあちこちにいたのだ。ついでながら、井伏鱒二の『遙拝隊長』はいいよ。「時代」というものがわかる。

という具合に、これはいいものですと、いろいろな作品を紹介してくれた。角川文庫の『いのちの初夜』に付けられた光岡良二の「北條民雄の人と生活」は、短いが、いいものです。光岡良二の書いたものはいい。ひょっとすると、北條民雄のものよりいいかもしれない、と言われたと思う。

長谷川四郎といえば、かれが翻訳したアルセーニエフの『デルスウ・ウザーラ』も、勉強会のテキストになった。このテキストは、藤田さんの最も愛好する作品のひとつだった。デルスウは、シベリア先住民のナナイ族の猟師で、ロシアの探検家アルセーニエフの沿海州探検のガイドを務めたひと。沿海州の山中で、焚き火の跡を見つけたデルスウが、その痕跡から、いつ、どのようなひとびとが、この焚き火をしたのかと推理する記述を、藤田さんは例によって巧みに再現し、至って楽しそうだった。

この勉強会に参加していたSさんが、「藤田先生は、どうしてこんないい本を、もっと早く紹介してくれなかったのか」と文句を言うと、藤田さんもいささか困惑した表情ながら、しかし、嬉しそうだった。その数年後、中学校の教員だったSさん（私より二歳年長）が、現職で過労死してしまったのは、なんとも痛ましかった。

この勉強会のいわば事務局長的存在で、頻繁に私と連絡を取りあっていた川上さんも、二〇一五年に鬼籍に入った。

日本の古典文学

大学で「日本文化史」を教えていた私に、藤田さんは、それなら日本の古典の「大きなもの」に取り組むといいと言った。「大きなもの」とは、『万葉集』『源氏物語』『平家物語』だという。

藤田さんは、まず、西郷信綱（一九一六〜二〇〇八）の『萬葉私記』と『古事記研究』を読みなさい、と薦めてくれた。むろん、すぐに読みはじめ、古典研究というのは、このようにするものなのかと大いに教えられた。当時の私は「単身赴任」中で、自宅から赴任先まで片道六時間ほどかかり、毎週一往復していた。インターネットの普及していない時代で、往復の道すがら、ひたすら本を読んだ。『萬葉私記』に学んで、『万葉集』とともに注解書や研究書にも取り組んだ。北山茂夫『万葉集とその世紀』（新潮社、三冊）などもおもしろく読んだ。

また、西郷の『古事記注釈』（平凡社、四冊。のちに、ちくま学芸文庫版、八冊）も通読した。

藤田さんは、西郷の記紀研究について、つぎのようなことを言った。「画期的な古事記研究は、まず本居宣長のもの。第二の画期は、大正期の津田左右吉の研究だ。しかし、津田説は、古事記と日本書紀の差異を明確にしていない。そこを明確にしたのが西郷さんの研究で、画期的だ」そのように、西郷説をきわめて高く評価していた。

藤田さんは、『源氏物語』については、まず、西郷の『日本古代文学史改稿版』（岩波全書）を読むのがいいと言い、そして「ぼくも『源氏』についてはだいたいこれと同じ考えだ」と言われた。「これと同じ」ということの中味は、私のみるところ、『精神史的考察』（藤田省三著作集版）所収「史劇の誕生」への「補註」で、ごく短くふれられている。それは、鎌倉時代初期に至る「全社会的激動の時代、日本史上稀な「社会革命」的性格を帯びた時代の「前史は長い筈」であり、「十二世紀の保元の乱に至るまでに二百年もかかった劃期的変化の数々があった」とし、つぎのように続く。

先ず第一は十世紀後半の『源氏物語』に見られるような、宮廷の神聖性に対する冒瀆と曝露がある。その場である宮廷は神聖どころか、色恋の「英雄」によって縦横に瀆がされる不義・密通の本拠地だったのである。上品で知的な紫式部は、それを美しく肌目細い小説へと仕上げた。（著作集5、八〇頁）

ここで「冒瀆」といっているのは、むろん、藤壺宮と光源氏の関わりである。

私は、赴任先への往復の車中で、与謝野晶子訳と『日本古典文学集成』版の源氏物語に読みふけった。そして、「和辻哲郎の平安文学論――『源氏物語』を中心に」という論文を、勤務先の紀要（一九九一年三月刊）に書いた。その抜刷を持参して藤田さんに見ていただいたところ、「だいたいいいと思う」と言われたけれども、他方で、今後書くときは、題名に和辻をもってくるのではなく、あくまで『源氏物語』論として書く方がよい、とも言われた。そして、「論文をまとめて本にするなら、西郷さんの源氏物語論を、「書評」という形で加えるのがよい」という示唆をいただいた。

少しのちのことだったと思うが、西武新宿線某駅近くの喫茶店で、藤田さんから、「太田君は、これからどういうことをしようとしているのか」と訊かれた。私は、すでに和辻哲郎について、その『古寺巡礼』について、『倫理学』について、それぞれ一本ずつ論文を学会誌に発表していた。それに『源氏物語』論を加え、さらにもう一本論文を書いて、和辻論という形でまとめようと考えていた。そのとき藤田さんには、そういう意味のことを答えた。すると、藤田さんは、和辻についてやるというのはご自由だけれども、ぼくならそんなことはやらない。和辻の論はやっぱりおかしいと、いまさら批判してどうなるというのか。

もっと身になることをやったらどうか。ネガティブなことではなく、積極的なもの、栄養分のあるものを読んで自分を充実させなさい。太田君は、もっと自分を掘るべきだ。

保守の思想家で読んで意味のあるのは、カール・シュミットだけだ。ぼくはシュミットの著作は全部読んだ。

と、強い口調で言った。

藤田さんは、私には手に負えないようなことをときおり言った。そのひとつが、「白川静の『説文新義』をみるといい」というものだった。今なら、これは白川静著作集（別巻）に収録されているけれども、当時は購入がまずは容易ではなかった。しかし、かりに購入しても、私には活用することは至難だったと思う。

その替わりに、白川静（一九一〇〜二〇〇六）の本で、入手しやすい『文字遊心』『文字逍遙』などは読み、その主著は読まないまま、私はすっかり白川ファンになった。白川学説は、少なくとも当時の中国学者の主流からは支持されなかったらしいが、藤田さんは白川の『字統』『字訓』を薦めた

（『字通』はまだ出ていない時期だった）。

著作集版『精神史的考察』の「解題」（一九九七年）によれば、藤田さんは一九七〇年代に「白川静の『説文新義』を座右に置きながら『史記』を漢文原典で精読する会の組織」をしたというから、藤田さんがどのような経緯で『説文新義』に注目したのかは聞かなかったが、刊行まもない『説文新義』を「座右」に置いていたわけである。

話が飛ぶが、藤田さんは大著をものともしなかった。たとえば、「文学」ではないけれども、ニーダムの『中国の科学と文明』（日本語訳は一一冊）は全部読んだよ、と言っていた。

某先生に、ニーダムの『中国の科学と文明』のことを言ったら、「あー、そういう本があったねぇ」と言っていた。かれがそういう言い方をするときは、おそらく読んでいないのではないかな。

という「推定」を述べた。私も文字通り、その「推定」に該当する部類だったし、ニーダムを読むといいとも言われなかった。

「文学」以外の本のことでもうひとつ。あるとき、藤田さんのお宅に出かけ、あがりこむと、藤田さんは本を読んでいた。そして、

「太田君、いまこの本を読み終わるところだから、ちょっと待っててね」

と言った。まもなく読み終わったその本は、S・ブロックとP・レダウェイの『政治と精神医学——

ソヴェトの場合』（みすず書房、一九八三年）だった。これは「大著」ではないにしても、なかなかの分量の本であって、私にはちょっと手がまわらない分野だし、大部の本だなと思った記憶がある。

室生犀星と中野重治

藤田さんの勉強会のテキストになった本の一冊は、中野重治『室生犀星』（筑摩叢書）だった。そのときは気づかなかったが、雑誌『みすず』の「一九八六年読書アンケート」に、藤田さんはこの本をあげている。

「評伝」なるものの最高傑作の一つと思います（この著者のものの中でも）。生きるとは何か、人を理解するとはどういうことか、作品を読むとはどういうことか、について深々と教えてくれる。

私の記憶では、この本は先に藤田夫人が読み、「これはいいわよ」というので藤田さんも読んだ、という話だった。

藤田さんは、この本を（この本に限らないだろうが）ずいぶんくり返し読んだと言った。この本をテキストに勉強会をしているとき、手もとにそのテキストをお持ちでないのに、いきなり、この本の◯◯ページに、と言った。事実、テキストを見るとそのページに問題としている箇所があり、「こういうふうに覚えているんだ」と、かすかに自慢げに語って、私を驚嘆させた。

室生犀星については、『室生犀星詩集』(新潮文庫)も勉強会のテキストになった。藤田さんは、この詩のこの部分がよいとか、ここは面白いだろうとか、いろいろな箇所を指摘してくれた。この文庫の、福永武彦の「解説」は、悪いものではないが、中野の犀星論にふれるところがないのはどんなものかね、と言っていた。

中野重治のことはしばしば話題になった。中野の詩「雨の降る品川駅」のことも聞いた。

李よ　さようなら
もう一人の李よ　さようなら

という部分の、この「もう一人の」というところがいいんだな、と言いつつ、

日本プロレタリアートのうしろ盾まえ盾

というところはおかしい。「どうしてかれらは〈うしろ盾〉だったり〈まえ盾〉だったりしなければならないのか」というのであった。

君たち――私や川上さんを主に指していた――は、中野の作品をあまり読んでいないが、大学紛争

のころ、新左翼の学生たちは中野をよく読んでいたよ、と言っていたことが印象に残る。

ただし、中野作品についていえば、『むらぎも』などに対しては評価が高かったが、『甲乙丙丁』にはひどく批判的だった。こういう評価の仕方はしばしばあって、特定の歴史家や思想家の著作についても、たとえば、ルカーチの『歴史と階級意識』は傑作だが、『理性の破壊』はダメ、といった具合だった。しかし、話をするだけのばあいと異なり、書くばあいには別の配慮をしていた。

ぼくは、書評などを書くとき、ある著作を褒めるときは過剰と思えるくらいに褒める。と同時に、同じ人の他の著作に言及しないことで、暗黙のうちにそれらの他の著作を評価しないことを示す、というふうにすることもあるよ。

と言って二、三の具体例をあげられた。

石原吉郎

石原吉郎『望郷と海』もテキストになった。石原は、先に（四〇頁）引用した鶴見俊輔の「解説」に名前が出てくる人物で、シベリアに抑留されたひと。帰国して、詩をつくり、評論を書いた。藤田さんは石原吉郎に大いに共鳴していた。私も石原の詩や評論には圧倒されたが、出版社を経営していた川上さんもいたく心をゆさぶられたようで、「太田君、石原吉郎の本を作ろうよ」と言った。私もその気になって、『石原吉郎全集』を買い込み、読みこんだ。

二年あまりの勉強会の時期のあと、手術を受けた藤田さんの予後がよろしくなく、外出などできない状況となった。私も大学が誕生してから五年を経過するころになると、次第に忙しくなり、しかも、私に親の介護問題が生じた。だから、藤田さんに直接お目にかかって話をうかがうということはできなくなった。川上さんは、ときおり藤田さん宅を訪ねていたので、川上さんから藤田さんのことを聞いていた。

藤田さんに電話をして、石原吉郎について『望郷と海』に収められていない評論を集めて、評論集を編集したいという話をすると、なんと、

「太田君は、石原吉郎とは正反対のタイプだから、もう少し勉強してからにした方がよい」

と言われた。

「もう少し勉強した」かどうか、心もとないけれども、石原吉郎の評論集一冊を編集する仕事にとりかかった。石原の詩人についての評論群について、その評論集に収録するか割愛するか迷っていますと藤田さんに電話で相談すると、言下に、

「収録すればよい。そして、その部分に関する解説に、「石原吉郎における無名なるものへの意志」と短く書いておけばよい」

と言われた（このことばは「はしがき」に入れた）。

ともかく、結論は明確に迅速に示してくださるのが常だった。こうして、『石原吉郎評論集　海を

流れる河』（同時代社、二〇〇〇年）の刊行に至った。そして、私の「石原吉郎覚え書き――解説に代えて――」を巻末に収録した。

映画

勉強会の時期のことに話を戻す。藤田さんとの勉強会は夕方から始まるので、その勉強会の前に都心で映画を見るということが多かった。こういう映画を見てきました、と言うと、藤田さんはその話に耳を傾けてくれたので、ときおり、見たばかりの映画のことを話した。

「太田君が見た映画のなかで、一番に推す映画は何かね」

と言うので、少し考えて、

「『灰とダイヤモンド』でしょうか」

と答えると、「そうか」と、納得の表情だった。

藤田さんの勉強会が始まったころに、陸井三郎さんが、『ハリウッドとマッカーシズム』（一九九〇年）という本を出した（後述）。私がこの本を「映画の本」と言ったところ、陸井さんは、「この本は、映画の本ではなく、アメリカ史の本です」と言っていたことが記憶に残る。

あるとき、陸井さんから電話がかかってきて、これから映画に関してインタヴューを受けるのだがとのことで、映画の題名の確認だった。これこれという内容の映画は、『真昼の決闘』（*High Noon*）でよかったよね、というものだった。『荒野の決闘』とか、類似の題名が少なくなかったからだろう。

あるいは、英語がよくできた陸井さんは、日本語題名を気にしていなかったのかもしれない。当時私は、「西部劇」を少し見ていたので、『真昼の決闘』です、と陸井さんに答えた。

この『真昼の決闘』は、ゲーリー・クーパー演ずる保安官が殺し屋四人と戦わざるを得なくなる話で、保安官は、町の人びとにともに戦ってほしいと呼びかけるが、応じてくれる者はひとりとしてなく、四人に単独で立ち向かうという話だった。

この話を藤田さんにした。藤田さんもむろん『真昼の決闘』は見ていて、「いっしょに戦おうと言っても、そういうことはできるものではないのだ」と、やや強い口調で言われたことが印象に残る。

同じころ、藤田さんに、

「先生は、映画についてもエッセイを書いておられますが、思想史の論文をお書きのばあいと、映画などについて書かれるばあいとで、〈文体〉を変えていますか」

とたずねたことがあった。すると、「そういうことはしていない。何について書こうが、同じだ」という答えが返ってきて、納得した。

世界文学

海外の文学で勉強会のテキストになったもののひとつは、ソルジェニーツィン『ガン病棟』だった。「この作品の舞台になっている場所は、どこだかわかる?」「ぼくは、地図上で一生懸命探したよ」と言われたことが、なぜか記憶に残っている。

藤田さんの勉強会の時期は、ソ連・東欧の社会主義体制崩壊の時期でもあった。そういう時代を反映する著作が当時つぎつぎに出た。たとえば、ミラン・クンデラの著作がそれで、日本語訳の出版年でいえば、映画にもなった『存在の絶えられない軽さ』が八九年に出ていたが、『不滅』などの小説が一九九二年に、評論の『小説の精神』が九〇年に出た。藤田さんは、チェコにはずいぶん思い入れがあったようで、「一九六八年の〈プラハの春〉のとき、あるひとに頼まれて、文書をチェコまで届けたことがある。このときは、なかなか緊張したよ」とのことだった。当時藤田さんは、イギリスに暮らしておられた。

勉強会の席で、クンデラの一節、たとえば『小説の精神』の一節を、例によってテキストを手もとに置かずに披瀝することもあった。クンデラの作品では、『冗談』をもっとも高く評価していた。ぜひ、『冗談』を読んでください、と勉強会メンバーに言った。「チェコには〈シベリア〉に該当するところがないから、スロヴァキアの森林地帯に追放するんだね。〈プラハの春〉のリーダーだったドゥプチェクもそういう羽目になった」。

チェコ・スロヴァキアの大統領になったヴァーツラフ・ハヴェルの『反政治のすすめ』（恒文社、一九九一年）も、たしか勉強会のテキストになった。

藤田さんは、私には、「太田君、〈中欧〉の哲学、あるいは哲学史というのが考えられるよ」と言った。フスやコペルニクス以降を考えれば、なるほど同意できる着想だと思った。

中欧の「哲学」ではないが、プラハに暮らしたカフカのこともよく話題になった。勉強会のテキストになったのは、M・ブーバー・ノイマン『カフカの恋人ミレナ』（平凡社）と、ヤノーホ『カフカとの対話』（筑摩叢書）だったが、藤田さんは、カフカの経歴や職業（労働者傷害保険局）のことなどを解説して、これらの本の解読の手がかりを与えてくれた。カフカそのひとは、一九二四年に死去したのだが、『カフカとの対話』には、「戦争による大量非人間化」といったことばがみられ、「全体主義」の予兆のようなものが出ていることにも気づかされた。カフカの先駆性というべきところである。ソルジェニーツィンやクンデラ、そしてカフカの文学も、さらにはブレヒトも、「全体主義」との関わりを強く意識して読むというのが、藤田さんの大きなテーマで、それは、われわれにもよくわかった。

ハシェク（一八八三〜一九二三）の『兵士シュヴェイクの冒険』（岩波文庫、四冊）のことも聞いた。ハシェクは、プラハの生まれだが、ロシア革命のあと、赤軍に入る。そして、「政治委員」になるんだが、君たちはこの「政治委員」の重要度を知っているかね、（知らないだろうが、）という調子だった。先にヤノーホのことに言及したが、そのヤノーホには『ハシェクの生涯「善良な兵士シュベイク」の父』（訳書、みすず書房、一九七〇年）があると教えてもらった。

チェコといえば、むろんチャペックのことも話に出た。チャペックに『ロボット』という作品があるが、「ロボット」ということばを作ったのはたぶんチャペックだよ。かれの『山椒魚戦争』は、ヒトラーのことを問題にしている、という話の流れで、ロシア革命とその変質、さらにはナチズムと、「全体主義」への関わりが、藤田さんの読書傾向に色濃く存在していた。

藤田さんはイギリスに暮らしたことがあったから、ということだろうが、イギリスやアイルランドの作家の小説をずいぶん読んだらしい。

産業革命後に、イギリスの文化は「挽き臼で挽かれるように」すりつぶされた側面があるが、それ以前のイギリスの文化はイギリスの「地方」にあったのだ。

というようなことも言われた。その文脈で紹介されたのだったと思うが、T・ハーディの『日蔭者ヂュード』に、そういう文化の名残が出ている、といった意味のことをたしか言われた。それでは、とハーディのこの小説（岩波文庫版）を読んではみたけれど、その「名残」を感じ取ることは、残念ながら私にはできなかった。

特定の作品を生んだ社会的背景を、いろいろなばあいに説明してくれた。D・H・ローレンスの『虹』には、イングランドのある一族の三代の歴史が描かれ、時代の変化がわかる、というので、『虹』を読みはじめた。冒頭から「トム・ブラングウィン、ポーランド女と結婚する」という話で、人的な「グローバリゼーション」の広がりがこの時代にすでにみられるのだと思い、興味をおぼえ、この作品を読んだ。また、『チャタレー夫人の恋人』の冒頭の文言は、「覚えておいて損はない」と言って、その文章を（長くはなかったにしても）再現されたのには驚いた。

ロシア文学のばあいでは、ゴーゴリの『死せる魂』は、地主問題を背景にもっているし、この問題がロシア革命に至るロシアの基本問題だったのだ、という具合の説明もあった。さっそく『死せる魂』を読んでみたところ、ユーモラスな含みもあって、楽しめた。

古在さん追悼集会

勉強会開始から少し時間をさかのぼるが、一九九〇年の古在由重追悼集会で、藤田さんは、その舞台裏の総監督のように動いた。集会でのスピーチの人選からスピーチの時間（長さ）まで。人選に関して私が担当した件のひとつに次のようなことがあった。

藤田さんから「太田君、久野収さんに電話してみて」といわれ、集会のよびかけ人のひとりであった久野収さん（一九一〇〜九九）に、追悼集会でのスピーチを依頼する電話をした。当時は伊豆の方にお住まいだった久野さんには、ご自身の高齢を理由に集会への出席を断られたけれども、久野さんと電話でではあるが声を交わし、感慨があった。というのは、久野さんの本は学生時代から何冊か読み、親しみを感じていたからである。

ときあたかも九〇年二月のネルソン・マンデラ釈放からさほどへだたっていない時期だった。川上さんは私に、

「古在さんとマンデラの接点はなかったのかと、藤田さんが探しているけど、太田君、心当たりはない？」

と訊いた。私には心当たりはなかった。けれど、藤田さんは、「朝日イブニングニュース」（英字新聞。現在は廃刊）に掲載された古在さんのインタビューのなかに、南アフリカの反アパルトヘイト運動に関連すると言えば言える発言を見いだし、日本にあるＡＮＣ（アフリカ民族会議）の代表部と連絡をつけ、そのメンバーに追悼集会でのスピーチを依頼していた。こういう裏付けをとろうとするところでは、藤田さんは厳密かつ果断に動いた。

こんな具合に、藤田さんは南アフリカの運動にも関心を持っていた。追悼集会のあとのことだが、九一年に、南アフリカ共和国のナディン・ゴーディマー（一九二三〜二〇一四）がノーベル文学賞を受けた。そういう時代だった。ゴーディマー作品の日本語訳も当時は少なかった。

藤田さんは、南アフリカに鉄道が敷設されて社会が変貌していくところを、ゴーディマーはじつにうまく書いている。南アフリカの将来図を描けるのは、ゴーディマーのような人かもしれない、と言っていた。

いつだったか、勉強会の折に、藤田さんは、ロダーリ『ファンタジーの文法』を持参した。これは、藤田さんの『精神史的考察』の冒頭論文「或る経験の喪失」の「種本」？になったものであろう。ロダーリは、「かくれんぼ」を「迷い子になる恐怖」であると書いている。また、「民話の構造」は、「入門儀式の構造の再生」であるといったことばがみえるが、これらが、「或る経験の喪失」のモチーフと重なることは、その読者なら、ただちに分かることである。

藤田さんがそのとき持参した『ファンタジーの文法』には、メモ書きをした紙がきわめて多く挿まれていて、そのために本の厚さが二倍ほどになっているようにみえたのが驚きだった。大事と思う本は、こんなふうにして読み込むのかと思った。

「語る藤田省三」

文学作品についてここまで述べてきたようなことを、私は藤田さんから聞いていたのだが、藤田さんと文学という点で、私が驚いたのは、雑誌『世界』に七回連載（二〇〇三年三月号〜九月号）された「語る藤田省三」で、ちょうど藤田さんが亡くなる前後の時期の連載だった。驚いたと書いたのは、その第一回に森鷗外『現代思想』を読む、第二回に尾崎翠全集を読む、第三回にジョイスを読む、第四回にベケットを読む、第五回にブレヒト『ガリレオ・ガリレイの生涯』を読む、などとあって、尾崎翠、ジョイス、ベケットのことを、私自身は藤田さんから話を聞いた記憶はなかったし、著作集ではほとんどなにも述べられていない作家たちだと思ったからである。この連載は、のちに『語る藤田省三』（竹内光浩・本堂明・武藤武美編、岩波現代文庫、二〇一七年）に収録された。藤田さんが、これらの作家たちについて語ったのは、一九七四年から八二年まで「断続的に」開催された研究会においてであったという。私たちの勉強会から一〇年以上前である。時代状況とともに藤田さんの関心も変化していくわけであるから、勉強会のテキストの選択が変化していくのは当然ではある。

当然ではあるのだが、時代の変化を見すえ、文学を媒介に時代認識を深めていこうとする藤田さんの意思の強靱さを、あらためて認識した。

形見に

古在由重さんの追悼集会のことにふれたが、そのときの藤田さんの姿が、そのいくつかの側面が、いまなお私の脳裡によみがえる。

藤田さんは、九段会館に予想を超える数の人びとが集まったことで、当初は朗らかにみえた。しかし、最初の方で五分程度のスピーチをとお願いしていた某氏が、なにを思ったのか長広舌をふるった結果、集会の進行上、苦しい時間配分となった。

藤田さんは、この集会の最後に締めの発言をする予定になっていたけれども、それをかなり短縮せざるを得ない羽目になった。集会の終了予定時刻が近づき、登壇を控えて藤田さんは舞台の袖の床の上にあぐらをかいて座り込んだ。私が椅子をすすめても、「いいのだ」と言って、腕組みをし、頭を下に向け、思索にふけっている様子だった。

そのときのスピーチは、「其の心の在り方の延長線を」という題名で著作集に収められたが、読み返すと、じつに緊密度の高いものだったと思い、藤田さんの集中力・構成力に改めて感じ入った。

一九九七年ごろだったと思うが、藤田さんから「形見に何か本をあげるから、何がほしいか言いなさい」と言われた。藤田さん当時、七〇歳くらい。まだ亡くなることはないと信じて、「ください」

と言うのははばかられた。

　もっとも、それ以前に本は何冊かいただいてはいたが、それが「形見」だとは思っていなかった。また、最晩年にはハンナ・アーレントの『過去と未来の間』について何回目かの再読をしている、と聞いていたこともあったし、その種の本を形見にとも言いにくかった。しかし、藤田さんが読んで書き込みをしていた『デルスウ・ウザーラ』とか、『カフカとの対話』を、もっといえば、アーレントの『全体主義の起原』をくださいと、なぜ言えなかったのかと、いささかの悔やみをもって回想している。

　なにはともあれ、藤田さんと出会えたこと、鶴見氏のことばを借りれば、「この偶然に感謝する」。

II

古在由重

古在先生の思い出——原水禁運動との関わり、古在ゼミの思い出など

はじまり

私が高校三年生のとき、国語の先生が授業中に、「今度、『三木清全集』が出る。君たちも、こういうものを読めるといいが」という意味のことを言った。三木清の『人生論ノート』は、大学入試の国語に出題されることがあるとされていたことも手伝ってか、当時の高校生にも一定の読者がいたと思う。大学で哲学を学ぼうと思っていた私は、当時住んでいた静岡県の片田舎の町の書店に『三木清全集』（全一九巻、一九六六〜六八）を注文した。じきに、毎月一冊ずつ配達されたが、大学受験を控えていた時期でもあり、ごく一部を読むにとどまった。

一九六七年、大学入学とともに知り合った同級生のひとりが『三木清全集』を読んでいるというので、感想などを彼と語りあうようになった。そこではじめて、『三木清全集』を熱心に読みはじめた。その友人と、三木が学んだ新カント派やハイデガーについても、あるいは三木のマルクス主義への接近についても、あれこれ話題にした。

私が大学一年の秋から『岩波講座哲学』全一八巻の刊行がはじまった。毎月一冊のペースで刊行さ

れたこの講座を、私は次々に読んでいった。それぞれの巻には「哲学の課題」「現代の哲学」「人間の哲学」「歴史の哲学」「社会の哲学」「自然の哲学」「哲学の概念と方法」「存在と知識」「価値」「論理」「言語」「科学の方法」「文化」「芸術」「宗教と道徳」「哲学の歴史」といったタイトルが付けられていた。

こういう読書を通じて、哲学のいわば基礎概念などについて知識を得ることができたということはあったのだが、それとは別に、この講座第一巻『哲学の課題』に収録されていた古在由重「試練にたつ哲学」に強い印象を受けた。この論文にはいろいろな哲学者の名前が出てくるが、中心的には、サルトルとラッセルが取り上げられていた。この論文については、あとでまたふれる。

時間が前後するが、まだ私が高校生だった六六年、サルトルが来日した。そのとき、高校の世界史の先生が、授業中にサルトルとボーヴォワールの来日について語り、サルトルの講演について、「けっこう当たり前のことを言っているんですね」と言っていたことが印象に残っている。

私が高校二年生のとき、生徒会企画で「クラス対抗討論会」というのがあり、ベトナム戦争をどう見るかが、討論会の論題のひとつになっていた。地方の高校だったが、ベトナム戦争に対する関心は、高校生にもあったという時代だった。その雰囲気が、六八年・六九年の「大学紛争」の時代につながっていったのだが、私が古在論文におおいに刺激を受けたのも、そういう時代状況と無関係ではなかったと思う。

『岩波講座哲学』には、その後、第一八巻に「和魂論ノート」、第二巻に「現代唯物論の基本課題」

という古在論文が収録され、追いかけるようにして、それらを読んだ。それとともに、『古在由重著作集』第一巻から第三巻（勁草書房、一九六五年）、第六巻（六七年）も読んだ。とりわけ、この第一巻に収められた『現代哲学』（原著は、三笠書房、一九三七年）の印象は強烈だった。この著作は、一八八〇年代から一九三〇年頃までの半世紀にわたる英米独仏伊の哲学者の著作を主対象に、現代の観念論哲学が「科学的」観念論と「生の」観念論に分岐していく様相を描き出した。しかもその明確な構成が、驚くほど広範な諸著作の原典を緻密に読み込むことを通じてなされていることに感銘を受け、二読三読した。

〈一〉古在ゼミ

古在ゼミに入る

私が大学院の博士課程（倫理学専攻）に進学した一九七三年、大学院の先輩から、古在宅で開かれている「古在ゼミ」に参加するかと訊かれ、一も二もなく参加させてほしいと懇願し、参加させていただくようになった。

私は一九四九年丑年生まれ、古在先生（ここでは先生と書く）は一九〇一年丑年生まれ。四回り違いで、当時は七二歳だった。東京・中野区鷺宮にあった古在宅にはじめて出かけ、緊張して、簡単な自己紹介をするのがやっとだった。古在先生は、まったく高ぶることのないひとだという印象を受けた。

この「古在ゼミ」は、一九六〇年代後半に、東大の大学院生が古在宅でマルクス＝エンゲルス全集を読むという形で始まったと聞いた。私はゼミのスタートから五年ほど遅れて、そこに加わったことになる。私が参加したころの古在ゼミは、ゼミに参加するメンバー（ゼミナリステン）がそれぞれの問題意識に沿ってレポートをし、それについて討論する形になっていた。そのメンバーは多士済済、すでに大学院を経て大学などに職を得ている人も少なくなく、ゼミの席でも、談論風発、活発な議論がなされていた。年少の私は場違いにも、ひとりそこに偶然まぎれこんだ感じで、ゼミナリステンの議論にただただ耳を傾けるだけ、という状態だった。

それでも古在ゼミに通ったのは、議論自体が面白かったからでもあるし、古在先生自身の著作などが次々に出た時期でもあり、それに惹きつけられたから、ということもあった。一九六〇年代から七〇年代前半に書かれたエッセイ類を中心にした『人間讃歌』（岩波書店、一九七四年）が出た。ここには、古在先生の母上のことなどにふれたエッセイ「明治の女――清水紫琴のこと」も含まれ、周到な調査に基づいて書かれつつも、情感にあふれている点が印象深かった。父上・古在由直の仕事にふれた「足尾鉱毒事件と古在由直」についても、同様の印象をもった。紫琴が植木枝盛と交流があったということから、刊行されてまもない『植木枝盛選集』（岩波文庫）を読んだり、足尾鉱毒事件にふれて調べたりと、私の勉強の範囲が拡大していく感じだった。また、国労（国鉄労働組合）機関誌『国労文化』掲載のエッセイをまとめた『自由の精神』（新日本出版社）も同年に刊行された。

私は一九七五年春に大学院を中退して、高校の教員になった。高校での授業（担当は「倫理社会」）では、古在先生の本に出ていたことを、ときおり織り交ぜて話をすることもあり、そういう素材を提供してくれるものとしても、古在先生の本はありがたかった。

教員になった年には、『思想のデュエット　古在由重対話集』（新日本出版社）が出版された。この「対話集」には、粟田賢三、加藤周一、家永三郎、末川博などの各氏との対談が収録されていた。私は特に加藤周一対談に魅力を感じ、折りにふれて読み返した。

同じ七五年に、『古在由重著作集』第四巻「思想形成の記録1」・第五巻「思想形成の記録2」が刊行された。古在先生の若き日・一九二〇年代前半の日記を収めたこの「記録」からは、若き日の勉強ぶり、新カント派哲学への傾斜をうかがうことができた。

ベトナム反戦

私が古在ゼミの末席に連なった七三年は、ベトナム戦争が和平へと動いたパリ協定の年で、『世界』七三年四月号の「特集　ベトナム戦争は終ったのか」には、古在「パリ協定の完全履行をめざして」をはじめ、P・ノエル＝ベーカー「『ベトナムの平和』を問う」、陸井三郎「〈報告〉アメリカの戦争犯罪行為」などが掲載されていた。

時間が前後するが、ベトナム反戦運動（人民支援運動）との関わりでいえば、古在先生は「ベトナムにおけるアメリカの戦争犯罪と日本の協力・加担を告発する東京法廷」、いわゆるラッセル法廷の首席検察官の役をつとめていた。先にふれた「試練にたつ哲学」論文発表の頃であった。

この「試練にたつ哲学」は、先に述べた『現代哲学』の枠組みをふまえ、「科学的」観念論の系譜に属するバートランド・ラッセルと、「生の」観念論の系譜にあるといえる実存主義者J＝P・サルトルを主に取り上げて論じていた。サルトルとラッセルは、その哲学的立場を異にするけれども、ともにベトナム反戦という立場については一致している。なぜそういう一致が可能になったか、が論じられていた。

この点について古在論文には、「哲学にとってさえも、その課題は根源的には理論外の客観的現実の胎内からうまれてくる」とあり、「人間のいのちを最高の価値とするあらゆる哲学は、すくなくともこの一点においては一致しないではいられない。まさにその哲学のゆえに。その哲学の根源および前提のゆえに」と記されていた。

このように、相異なる立場の協働の条件を理論化すること、具体的にいえば、ベトナム反戦のための「統一戦線」構築の理論を提供することが、この論文のめざしたところであった。

そういう理論化の仕事とならび、実践的には、一九七二年の「インドシナ諸国人民の平和と独立のためのパリ世界集会」、翌七三年のローマでの「ベトナムに関する緊急国際会議」に、古在先生は日本からの代表団の団長として参加していた。

一九七五年四月三〇日、ベトナム戦争が終結した。ベトナム反戦（あるいはベトナム人民支援）運動も、大きな区切りを迎えた。

今ふり返ると、当時の雰囲気を説明するのは難しい気がするが、大国アメリカが最盛時にはベトナム南部に五四万人の兵力を送り込み、北ベトナムへの空爆（北爆）をくり返したものの、撤兵せざるを得ず、南ベトナム軍は瓦解し、アメリカが支えていた南ベトナム政府は降伏した。その背景には反戦運動の波があり、これが欧米をはじめ、日本でも盛り上がりを見せていた。

ベトナム戦争は民族解放戦争の意味を持つが、古在先生は、「民族解放を求めることにはたしかに〈大義〉あるいは〈正義〉があるとはいえ、それがあるからといって勝利するとは限らないのだ」と強調した。だから、ベトナムの場合、なぜ民族解放戦争に勝利できたのか、その条件を把握する必要がある。このように、歴史的現実を、その根拠において問うという姿勢が、古在先生の発想には色濃く存在していた。

その条件のひとつに、反戦運動の世界的な広がりがあるとして、二〇世紀において二度の世界大戦があったが、「三度目に来たのは世界反戦だった」と特徴づけた。

今ひとつの条件として、政治指導の問題があるという把握だったと思う。この点について私が思い出すのは、古在ゼミにゲストとして見えた陸井三郎さんによる南ベトナムでの戦況についての解説だった。その解説に、『朝日新聞』の本多勝一記者による記事の紹介があった記憶があるので、一九七五年の記事を探してみると、ハノイに取材に出かけた本多記者の北ベトナム対外文化委員長へのインタビュー記事（七五年六月一二日夕刊）があり、そこには「労働党が南北指導」という見出しがあった。この記事では、その委員長が、人民戦争のよく知られた一つの形として、「農村から次第に都市を包囲していく」という〔中国の場合の〕戦術がある。しかし、今回の場合、われわれはこの手段をとらなかった。いきなり中心をたたく戦術をとるほうがよいと判断した。これも党の重大な決定であった。

と説明していた。

この説明に、古在先生はおおいに納得したとのことだったが、私も、南ベトナムの首都サイゴン〔現・ホーチミン市〕陥落は、成り行きで生じたものではなく、ベトナム労働党の戦略に基づくものだったのだと、その「真相」を理解できた気がした。

当時は現在と異なり、戦況を衛星画像で確認するなどといった状況にはなく、戦況については把握がなかなか困難だったことを付け加えておきたい。

教員になったばかりの私だったが、ベトナム戦争は現代史の重要な出来事だと考えて、高校の授業でもベトナム戦争について立ち入った話をしたのだった。

＊

以下、歴史叙述的な話になるので、固有名詞には原則として敬称をつけないで書いていくことにする（一部では敬称が残っていて、不徹底だが）。

オルドリッジのこと

そのころ、古在ゼミのゼミナリステンの論集を作ろうという話が持ち上がり、それが古在由重編『知識人と現代　研究者の記録』[1]という本になった。多くは、「少壮研究者」（「序にかえて」中のことば）の書いたもので、その原稿は古在ゼミでの議論を経て収録された。執筆者は古在を含めて一六名。その専攻領域は、哲学、東アジア思想史、倫理学、社会思想史から、社会学、農業経済、経済学、社会教育、応用化学などまで、多岐にわたった。私もこの本に一文を寄せた。

この本が出版されたとき、私は巻頭の「序にかえて」という古在の文章に目を見張った。それは、次のように書きはじめられていた。

ひとりの人間のたどる人生の転機のなかに、時代の状況と課題があざやかに集約されることがある。その実例をわたしはアメリアの有能な技術者、ロバート・C・オールドリジのなかにみた。R・C・オールドリジは、一九七五年に、そしてふたたび翌年の一九七六年に、日本での原水爆禁止の国際会議ならびに世界大会にやってきた。身ぢかにわたしはかれの姿に接しかれの意見に耳をかたむけ……

オールドリジは、「一九五七年にアメリカ有数のロッキード・ミサイル宇宙会社につとめ、それからの一六年間にわたってポラリス、ポセイドンの開発にたずさわり、さらにトライデント・ミサイルの設計主任となった」人物。彼は、核兵器の力の均衡こそ「平和維持」の条件であると信じていた。

一九七〇年代初め、つまり、アメリカにおけるベトナム反戦運動の高揚期に、オールドリジは、娘に問いかけられる。彼の娘はある日の夕食後、「ベトナムで使用されたナパーム弾を製造しているダウ・ケミカル社にたいする学生たちの抗議運動から話をはじめた」。オールドリジは娘との討論を続け、その後、反戦的な行動ゆえに逮捕された事件の裁判の傍聴に出向くなど、模索を続け、ついにロッキード社を退職するに至る。高額所得者だった彼は、おそらく窮乏の生活に身をさらすことになる。さらには、家族のその後、新たな生活の充実感などが述べられていた。つまり、彼は平和運動家に転身したわけである。

私はさっそく雑誌『世界』掲載のオールドリジ論文「核拒否への決断――ある良心の葛藤[2]」を読んだ。オルドリッジのことについては、後述の「陸井三郎さんのこと」でもまたふれる。

古在「序にかえて」の末尾近くには、「第二次大戦後には人類の生存をおびやかす核兵器も登場した。しかし、これの製造、実験、使用、貯蔵に反対する勢力もまた全世界にひろがりつつある」と述べられ、反核運動への尽力が表明されている。

のちに述べるが、古在が死去した一九九〇年に、「古在先生追悼のつどい」が開かれた。本書「藤田省三さんの思い出」にすでに書いた通り、私はその実行委員会に加わり、年譜作成などの仕事に携わった。その際、古在と長年つきあいのあった人びとに取材をしたことがあり、その際のメモが残っている（以下、これを「追悼のつどい取材メモ」と略記する）。そのなかに、陸井三郎の応答のメモがある。その取材メモによれば、古在の原水禁運動との関わりは一九七五年からといってよい、とのことだった。

とはいえ、古在宅には、一九五〇年代以降の原水爆禁止世界大会資料が一定数残されていた[3]ことも他方の事実である。

古在由重と反核運動　以下の叙述の見取り図

一九六〇年代後半から七〇年代前半の古在は、ベトナム反戦（人民支援）運動に力を傾注していたが、戦争の終結とほぼ時を同じくして、原水禁運動（当時は「反核運動」というより、このことばを使った）に取り組んだ。

古在の思想的営みを考えるとなれば、原水禁運動の動向や、その中での古在の立ち位置について見ておくことが不可欠である。

そこで、以下においては、次のように叙述していくことにする。

まず、〈二〉において、日本の原水爆禁止運動の発端から分裂への歴史を一瞥し、その分裂の再統一への動きをたどり、そのなかでの古在の動きを追う。時期的には、七七・七八年が叙述の中心となる。

次に、〈三〉において、八一年から八二年の世界的な反核運動の高揚や日本国内における運動の拡大・高揚の一端にふれる。そしてその時期に古在も関わった「忘れまいぞ『核』問題討論会」のことや、古在の著作『草の根はどよめく』について述べる。

さらに、〈四〉においては、再統一された原水禁運動が再分裂の兆しをみせた八四年の動向について主として述べる。

以下の叙述では、原水禁運動・反核運動に関して多くのページを割いているが、それは、古在がどのような状況下で動いていたのかを知るためであり、その文脈で、古在とともに運動に関わった吉野源三郎・中野好夫のことなどにもふれる。本書では、運動の歴史それ自体を記述することに目標があるわけではないので、七〇年代後半の再統一への動向が年ごとにどのような動きを示したかとか、世界大会の様子などにはふれていない。

〈二〉原水禁運動再統一への努力

一九五五年　運動の始まり、そして分裂

ここで、日本の原水爆禁止運動について簡単に記しておく。一九五四年三月一日、アメリカが南太平洋のビキニ環礁で水爆実験を行なった。その「死の灰」を浴びた漁船・第五福竜丸の乗員が被爆のゆえに死亡したことが大きなきっかけとなって日本の原水爆禁止運動が始まった。翌年八月六日に第一回原水爆禁止世界大会広島大会が開催され、翌月に原水爆禁止日本協議会（原水協、事務総長・安井郁）が結成され、運動は高まりをみせた。しかし、さまざまな事情のゆえに、一九六三年夏に至っ

て大会は分裂し、運動は、原水協（共産党系ほか）、原水爆禁止国民会議（原水禁。社会党・総評〔日本労働組合総評議会〕系）、核禁会議（民社党系）が鼎立（ていりつ）するようになった。

「被爆三〇年広島国際フォーラム」と吉野源三郎

分裂が一〇年以上にわたって続いた一九七五年夏、原水協と原水禁の「世界大会」には、それぞれ海外から学者や平和活動家が招かれていた。来日したそれらの人びとが、日本国内のそれら党派的団体に系列化されていたわけではないのは当然だった。その人びとは、平和問題に関心の強い日本の学者や宗教家グループと一堂に会し、広島のホテルで「被爆三〇年広島国際フォーラム」を開催した。

このフォーラムを準備したのは、上代たの元日本女子大学長（平和アピール七人委員会）、関寛治東大教授（日本平和学会会長）に加え、同フォーラム準備委員会世話人代表の吉野源三郎（評論家）、同代表呼びかけ人の江口朴郎東大名誉教授（歴史学）らだった。この人びとは、東京で記者会見して、このフォーラムの概要およびフォーラム準備委員会の趣旨を発表した。

米ソなどの核軍拡競争の激化、核拡散の急進など世界をとりまく核状況が深刻化する中で、われわれは何をなすべきか――日本の代表的な学者、文化人、宗教グループが世界各国の核問題・平和問題専門家に参加を呼びかけ、広島・長崎の被爆三十周年にあたるこの八月上旬、広島で「被爆三十年広島国際フォーラム（討論会）」を開く。(4)

そして、日本側からは、このフォーラムに、約一二〇人が参加した。[5]

海外からの出席者は、イギリスのフィリップ・J・ノエルベーカー卿（一八八九〜一九八二。一九五九年・ノーベル平和賞受賞）、アイルランドのショーン・マクブライド（一九〇四〜八八。一九七四年・同賞受賞、国際平和会議（IPB）会長）、先に言及したロバート・C・オルドリッジ（米国）ら約一七カ国約六五人だった。[6]

私の「追悼のつどい取材メモ」に残る陸井三郎の発言によれば、このフォーラムは原水禁運動の「統一のための下ごしらえ」であった。

一九七五年ころの核をめぐる状況

当時の日本をめぐる核の状況をみると、七四年一〇月「ラロック証言」の波紋があった。これは、退役海軍少将ラロックの「アメリカの艦船が日本などに寄港する際に、核をはずすことはない」という証言を、アメリカ議会が発表したものであった。アメリカ議会の意図がどこにあったかはさて措き、「非核三原則」の「持ち込ませず」が無視されていると解釈できる証言であった。そして、ラロックは、七五年の広島国際フォーラムのために来日した。

また、当時の「核軍備競争」の様相という点については、マクブライドの発言をみておこう。日本の新聞も彼の来日時の発言を大きくとりあげ、「国連NGO（非政府組織）軍縮特別委員会の陰の実力者とも言われる」(7)と紹介していた。

マクブライドはそのときの記者会見で、「世界の核情勢をどう見るか」という質問に対し、「第二次世界大戦以来といっていいほど深刻だ」「米ソ二大国間の核軍備競争が大規模化し、もはや相互の均衡をとることなど不可能なほどになった」と応じていた。核兵器をめぐるこのような状況認識が、核兵器廃絶運動の展開の条件になっていた。

また、「核軍縮を実現するには、どうすればいいのか」という記者の問いかけに、「人類が破滅にひんしていることを、直接大衆にはっきりいうことだ。政治的ないい方ではなく、単純、明快に。世界を守る唯一の手段は、世論だ」と述べていた。

オルドリッジに着目した吉野源三郎

先にふれたように、ロバート・C・オルドリッジは一九七五年の「被爆三〇年広島国際フォーラム」に際して来日した。このフォーラムに参加して通訳もつとめた山下史(ふみ)の報告するところによれば、

彼〔オルドリッジ〕の語るトライデントの第一撃兵器としての性格、そしてその開発の奥にひそむアメリカの核戦略、さらには、それに手を貸すことを拒み、自らの人生の軌跡を転換した一人のアメリカ人技師の勇気と決断は、フォーラムの多くの参加者の心をとらえた。ノーベル平和賞受賞者のフィリップ・ノエル゠ベーカー卿は、「これが現代に生きる者の勇気でなくて、何を勇

気と言おう』とその感動を語った。[8]

山下史はまた、吉野源三郎（雑誌『世界』初代編集長）にも言及している。

広島国際フォーラムの呼びかけ人の一人である吉野源三郎氏は、フォーラム終了後、膨大なレポートに目を通されるなかで、オルドリッジ氏の報告に心魅かれ、これを何としても広く日本の人々に紹介したい、と関係者に相談された。これが、ロバート・オルドリッジの名がいささかでも日本のマスコミで注目された最初であった。

オルドリッジの「核拒否への決断」が雑誌『世界』に掲載されたのは、それからさほど遠くない時期だった。先にふれた古在「序にかえて」はまさに、このオルドリッジ論文をふまえて書かれていた。ノエルベーカーやマクブライド、オルドリッジらの来日は、突然生じたわけではなかった。国際フォーラム開催前年の七四年には原水協の一団が渡米し、民間平和運動団体と交流し、国連への働きかけも行なっていた。[9] このような動きが、広島国際フォーラムへの来日の条件のひとつになっていた。また、このフォーラム終了後には、その「決議」を国連のワルトハイム事務総長に手渡すべく、同年秋、代表団が渡米して在米の平和運動家たちとも交流を深めた。[10]

このようにして、海外の学者や運動家との人脈、ネットワークが、日本において形成されていった。

それが、一九七七年の動向を呼び起こしていく。

一九七七年　五氏アピールと五・一九統一合意

広島国際フォーラムの成功を背景に、一九七七年二月二一日、「五氏アピール」（広島・長崎アピール）が出された。それは、七七年七月下旬から八月上旬にかけて広島と長崎で開催される「被爆の実相とその後遺、被爆者の実情に関する国際シンポジウム」に関連して、評論家の吉野源三郎、中野好夫、日本学術会議会員三宅泰雄、元日本女子大学長上代たの、日本山妙法寺山主藤井日達の五氏[11]が発表したアピールである。

吉野らの五氏アピールは「核兵器廃絶の世界世論を、来年に予定されている国連軍縮特別総会に反映させるためにも、シンポジウムはぜひとも成功させねばならない」とし、さらに「これまで、核兵器に対するあらゆる反対運動を無視するかのように、とどまるところを知らずに高まってきた核軍備競争を、いまこそくいとめるために、平和を求める日本のあらゆる個人、団体、諸組織が、過去の行きがかりを乗り越え、シンポジウムの成功のため力を一つに合わせること――国際的機運はそれを切実に求めている。この機会に、私たちの多年の願望を、被爆国日本の民衆の一致した切望として世界に訴えることが必要だ」というのである。[12]

このアピールは、原水禁世界大会の分裂状況に直接的にはふれず、被爆問題のシンポジウムと国連軍縮特別総会の成功への尽力を重点的に呼びかけるものであった。

＊

原水協と原水禁に分裂し、不倶戴天の敵ともいうべき関係にあった両組織の間に、分裂から一三年を経た一九七七年に大きな動きがあった。『朝日新聞』（五月二〇日）によれば、

原水協（共産党系ほか）の草野信男理事長、原水禁（社会党、総評系）の森滝市郎代表委員が十九日、東京で共同記者会見し、両者の間で「ことし八月の大会は統一世界大会として開催する」、「年内をメドに国民的大統一組織を実現する」など五項目の合意が成立した、と発表した。原水爆禁止運動は〔昭和〕三十八年〔一九六三年〕に「協」と「禁」に分裂、これまで対立、抗争を続けてきたが、トップ同士の合意により、十四年にわたる分裂の歴史に終止符を打つ見通しとなった。[13]

という。いわゆる「五・一九合意」であり、七七年には統一世界大会開催の運びとなった。

ノエルベーカーとマクブライド

統一世界大会開催を控えた一九七七年七月、P・ノエルベーカーと、S・マクブライドが来日した。両者の来日目的は、広島で開催の国際非政府組織（NGO）主催「被爆の実相とその後遺・被爆者の実情に関する国際シンポジウム」と、八月三日から開催の原水爆禁止統一世界大会に出席するためで

あった。このふたりの対談「核兵器完全禁止への道」が、『朝日新聞』に掲載された。この記事には、「両氏はこれまで長年にわたって平和運動を続け、いまなお、軍縮問題、核問題について活発な発言を続けている。ノエルベーカー氏は四回目、マクブライド氏は六回目の来日だが、日本の実情にもくわしい両氏に核拡散、核軍備競争の現状と、核兵器完全禁止への道を聞いた」とある。

この対談では、当時の核拡散の状況が多角的に語られた。米ソの核保有量の膨大さ、プルトニウム紛失「事故」のくり返し、中性子爆弾の開発をめぐる動向など。また、「核抑止論」に対する批判も語られた。さらに、対談の司会者が、日本の原水爆禁止運動の役割について質問したとき、次のように答えた。

マクブライド　日本の原水禁運動の方々に心からの尊敬と敬愛の念を抱いている。とくにこの五、六年、ヨーロッパのわれわれは日本の運動と緊密な連絡を続けているが、日本の関係者は国連に何度も代表団を送ったり、世界各国の平和団体と共闘するなどして、軍縮に深い影響を与えてきた、こんど、日本の原水禁運動の統一の動きがあることは非常に喜ばしい。

また、両者がそのために来日したNGO主催の被爆問題国際シンポジウム（広島と長崎で開催）の意義について司会者が質問すると、次のような答えがあった。

ノエルベーカー　シンポジウムははかり知れない重要性を持つものと、私は考える。〔中略〕原爆被爆について、これほど大規模な調査研究は初めてだ。原爆の被害を徹底的に人びとに教えることになろう。

マクブライド　シンポジウムの結論は、来年の国連軍縮特別総会に提出される。核兵器問題に関して、よき情報となろう。(14)

ここでマクブライドは、日本の原水禁運動に統一の動きがあるのは非常によろこばしいと述べているが、この動きというのは「五・一九合意」などを指していた。ノエルベーカーやマクブライドをはじめとする海外の運動家たちの参加については、日本の運動の分裂状況を打開する一因になるかもしれないという期待が、日本側の運動家の中にもあったように思われる。

＊

以上、一九七七年の動向にやや立ち入ったのは、この年の夏の原水爆禁止世界大会が、一四年ぶりに統一大会として開催されたからである。しかし、ここでは、再統一が成った世界大会それ自体についてはふれず、この動向に一定の影響を与えたと思われる「五氏アピール」について今少し述べておこう。そこに古在がいささか絡んでいるからである。

吉野・中野・古在

七七年の五氏アピールは、原水協、原水禁関係者にというより、原水禁運動の分裂を乗り越えるよう、諸個人、諸団体に訴えるものであった。と同時に、「核兵器廃絶の世界世論を、来年に予定されている国連軍縮特別総会に反映させるためにも、シンポジウムはぜひとも成功させねばならない」としていた点にも注目しなければならない。

ここでは、日本の世論ではなく「世界世論」と記されている。今や問題は、海外の世論・運動との連動にあり、国連軍縮特別総会に向けて運動を進めようという呼びかけだった。平和運動は今や、国内で分裂・対立しているような状況ではないのだ。それを、核戦争の危機、国際世論の動向を見すえることで乗り越えていかなければならないとするものであった。

このアピールの発出に中心的な役割を演じたのは吉野源三郎であり、吉野が古在由重、中野好夫に声をかけるという経緯だった。

『世界』編集長そして岩波書店社長を務めた緑川亨は、次のように回想した。

> 岩波書店の七階に「吉野さんの部屋」が亡くなるまで設けられていた。原水爆禁止の運動の国民的統一が保たれるために、その部屋に、古在先生や中野好夫先生が集って話し合われるのをよく見かけた。[15]

吉野・古在の関係は、両者が東京帝大文学部哲学科の学生時代の一九二二年にはじまり、吉野がこの世を去った八一年まで、六〇年近くに及んだ。その間、吉野は一九三一年に治安維持法違反で逮捕され、陸軍刑務所に一年半収監され[16]、古在は一九三三年と三八年の二回、治安維持法違反で逮捕された。いずれもその反戦的思想・行動のゆえであった。

中野好夫について古在は、「およそ平和と民主主義の安危にかかわるもので、その関心のそとにあったものはなかった。講和条約、沖縄返還、憲法擁護、安保条約、ベトナム戦争、教育政策など。かぞえあげれば切りがない[17]」と書いている。

敗戦直後に雑誌『世界』が創刊〔創刊号＝一九四六年一月号〕されたころ、古在は吉野を介して中野とつきあうようになり、三人で語り合うことが多かったというから、つきあいは長い。だが、問題はつきあいの長さだけにあったわけではもちろんない。原水禁運動との関連でいえば、先に被爆三〇年広島国際フォーラムのことにふれたが、吉野は、このフォーラム準備委員会世話人代表であった。それゆえ、吉野は、その参加者たちと議論を重ねていて、運動の最新の・最前線の情報を多角的に得ていたと考えるべきであり、そうした議論の中身は、吉野・古在・中野との集まりでも披露されていたに相違ないだろう。

古在の位置

五氏アピールの文面を書いたのは古在だという説もある。今となっては真相はわからないが、それが吉野であったか古在であったかはともかく、国内外の情勢について議論を重ね、成稿を得たのであろう。

だが、この五氏のなかに古在の名前はない。古在の名前が入らなかった理由は、呼びかけ人に、原水禁、原水協のいずれかと関係が強い人物が含まれることは望ましくない、という判断があったのではなかろうか。古在が共産党側の人物であることは、広く知られていた。なにしろ当時は、国政選挙での共産党のポスターに、推薦人として古在の名前が、松本清張などと並んで出ているほどだったからである。そこで、古在を除外し、「六氏」ではなく「五氏」アピールとなった。

ただし、古在が「共産党側の人物」だとしても、人脈という点では幅広いものがあった。反核運動に深く関わった民間組織に生協連があったが、日本生活協同組合連合会の発足とともにその専務理事となり、その後に会長を長くつとめた中林貞男（一九〇七〜二〇〇二）は、古在の追悼文集『古在由重』に短い一文を寄せた。「中野好夫先生宅で」という題だが、中林は次のように書いている。

生前の古在さんと平和運動について親しく語り合ったことが懐かしく思い出される。中野好夫先生のお宅で、古在さんと市川房枝さんと私の四人でいつも集まっては平和運動について話し合った。古在さんはあの大きな笑い声で私たちを励ましてくださった。また、古在さんが読書会をやるというので、私の勤める生協会館の一室をお貸しし、多少なりともお役にたてたことも懐かしい。(18)

市川・古在・中野・中林の四人が集まっていた時期は定かではないが、市川房枝（一八九三〜一九八一）の年齢や生協会館の話から考えれば、七七年の五氏アピールの時期も含まれると推測される。市川は一九八〇年に参議院議員選挙全国区でトップ当選した（無所属）ことが示すように、最晩年まで政治活動にたずさわっていた。中野や市川がいずれの政党とも距離を置いていたことはよく知られていた。

古在によるゼミでのレポート

古在ゼミで、古在自身がレポートをしたこともあった。私の手元に「古在ゼミニュース」（一九七八年九月一七日）「連帯の条件と形態」という、B４用紙八枚に及ぶ手書きの文書が残っている。その冒頭には、

「今回は古在先生が、昨年（一九七七年）の正月以来取り組まれた核兵器廃絶の運動の経験をもとにレポートされました。運動にたずさわりつつ、思い出した昔のことや、それぞれの時期の経験をおりまぜながら、レジメにそって話されました」

とある。一九七七年の正月以来とあるのは、まさしく、五氏アピールの準備過程で、ということである。その「ニュース」から、三点を抜き出しておこう。

（一）革新統一戦線ということがいわれているが、統一戦線は政党間のみのことではなく、労働組合、市民団体、文化団体、地域団体などの間でさまざまな形をとってあらわれ、そのめざす目標もさまざまである。核兵器廃絶をめざす統一戦線を考えるとき、自治体や国政における選挙をめぐっての統一戦線をモデルにして、そこにこれをあてはめるというような形ではやってゆくことができない。さまざまなレベルや規模によって統一戦線は異なったありかたをしている。この点での理解やおさえが不充分である。

（二）心理学者のヴントが、心理学の法則として、手段の追求が目的の追求にすり替わってしまうことを言っていたと思うが、このことをたびたび言わざるを得なかった。目的がかすんで手段が最終目標であるように思い込んでしまうのを指摘したものだが、このことがわれわれの運動のなかにもあった。核兵器よりも相手方が憎いというようなことがままあった。統一というけれど、うらみ、つらみの交錯したもの、個人と個人、組織と組織の間のもみ合い……

（三）〔ラッセル・アインシュタイン宣言について〕四半世紀前には、まだ核兵器の恐ろしさについては、それほど一般的でなかったから、この宣言は非常に大きな意味があったし、知識人だからできたことである。平和運動の歴史においてこのような形で知識人、とくに自然科学者が大きな役割を果たすようになったことは画期的なことである。核兵器の恐ろしさについては、どの人もみんな物理学者や自然科学者の結論に信頼している。決してイデオロギーに信頼しているのではない。

以上の抜き書きについて、いささかのコメントをつけておこう。

(一)について。原水禁運動も、政党間とか、原水協・原水禁の間とか、そのレベルだけで考えていてはもはやダメなのだ、と主張していると読める。ただ、今の時点で考えれば、いろいろな団体について言われてはいるが、「個人」という単位は出てこないところが気になる。時代の変化というべきなのであろうか。

(二)について。原水禁運動が、原水協、原水禁に分裂し、相互の「うらみ、つらみ」の表出の仕合いが前面に出ているかのような点に、運動の阻害要因を見ていたと思われる。

(三)について。このレポートから四五年を隔てて、同様のことが言えるかどうかはともかく、イデオロギーへの信頼などということは問題にならないという点の指摘だと考えれば、現代にも通じるであろう。

ここに三点引いた以外にも、一九三〇年代のコミンテルン(国際共産党)の統一戦線政策などについても述べられているし、三〇年代に治安維持法違反で監獄に入ったとき、天理教やキリスト者などが同じ監獄に入ってきて、相互にバラバラに戦争反対の運動に取り組んでいたことに気づかされたという経験も語られていた。これらの点については、『思想のデュエット』の古在・家永対談で立ち入って語られている。

「河上肇全集内容見本」

少しのちのことになるが、一九八一年一二月二七日、古在ゼミの忘年会があった。この忘年会のときの様子などが私のメモに残っている。そのとき、古在は、「こういうものを書いたよ」と言って、参加者に『河上肇全集』(岩波書店)の「内容見本」を配布した。そこには、古在のほか、鶴見俊輔など計四人の推薦文が掲載されていた。ここでの古在の推薦文「堅牢な知性、不抜の勇気」は、古在追悼文集『古在由重』冒頭に置かれている。その点については、本書「藤田省三さんの思い出」でふれた。この「内容見本」には、推薦文のあとに、河上の同時代人の発言が「同時代の証言——河上肇について」として採録されていた。幸徳秋水、夏目漱石、島崎藤村、堺利彦、福田徳三、木下尚江、新村出、王学文の八人の発言である。

この「同時代の証言」に関して古在は、漱石の文章にふれたあと、木下尚江(一八六九〜一九三七)の文章(「帝国大学と私」雑誌『改造』掲載)に言及した。木下は、日露戦争(一九〇四〜〇五)に際しては、幸徳秋水や堺利彦とともに、非戦の論陣を張ったけれども、日露戦争後まもなく社会主義の立場から離れた。けれども、一九三三年ごろのことであろうが、木下は、山の手線の電車の中で、隣の人が広げている新聞に、「背の高い疲れた男の見すぼらしい後姿」が載っているのを見たと書き、次のように続ける。

其れが河上君だ、警視庁から何処かへ送られる写真だ——私は何故とも知らず、熱涙を雨の如くに落しました。

この木下の一文についてふれながら、古在は、

木下尚江はすごいんだ、河上が獄へ移されるという写真を新聞で見て落涙するんだ。木下は運動から離れてずいぶん時間が経っているのに、河上とは人間的に何か通いあうものがあったんだろうねえ。福田徳三も、河上とは立場がちがうのに、やはりどこかで河上のことを尊敬している。「情理並び到れり」と河上のことを言っているよ。河上をめぐるこうした人たちを見ると、人間関係に何かゆとりが感じられる。

という意味のことを語った。

日本の原水禁運動においては、党派的に対立する相互間の人間関係に「ゆとり」などあり得ないような状況になっていたことを念頭に置いての発言だと思われた。

古在自身、異なる党派の人間と親密な関係をもつひとでもあった。たとえば、大内兵衛（一八八八～一九八〇）。大内は、戦前からの労農派マルクス主義者で、戦後は社会主義協会・社会党左派の理論的指導者であった。古在とは党派を異にする人物であるが、両者の間には、美濃部亮吉東京都知事の選出を支えた「明るい革新都政をつくる会」でのつきあいがあった。それゆえ古在は、大内の死去

を受け、大内をしのぶ文章「壺中の詩」(『世界』一九八〇年七月号)を書いた。

また、高桑純夫(一九〇三~七九)。高桑は、原水禁の事務局長を務めていたから、一〇年以上分裂状態だった原水禁と原水協の対立関係を考えれば、疎遠になっても不思議ではなかろう。しかし、戦時中から密接なつきあいのあった古在・高桑の関係は疎遠にはならず、高桑の死去の際に述べた弔辞が「高桑純夫君をしのんで」(『現代と思想』一九七九年九月)という一文として残された。

さらに古在は、『三木清全集』刊行に際しては、その第一巻「月報」に、「三木清をしのんで」という一文を寄せ、三木の哲学を「わたしには縁どおい」ものとしながらも、三木を「なつかしい友」と回想している。

思想的立場が異なっていたとしても、肝要な場面ではつながることができる人間関係。それが「戦術」などからではなく、その人物に対する畏敬の念、信頼関係あるいは友情によるということが、古在にはあった。

〈三〉核兵器廃絶運動の高揚

統一世界大会から国連へ

一九七八年六月の国連特別軍縮総会へは、日本国民代表団五百名を送ることができたものの、七八年夏の統一世界大会は、大会実行委員会の開催すらできないまま、七月に入った。

当時のことを、田中里子（地婦連）は、次のように回想する。

「もう待てない」、市民五団体（日本被団協、宗教NGO、日本生協連、日青協、地婦連）は七月五日、世界大会開催の呼びかけを行いました。やっと原水協、原水禁の参加を得て開催にこぎつけたものの、薄氷を踏む思いでした。八月一日、日本教育会館で海外代表も参加して国際会議が開かれる一方、九日に予定されている長崎大会の合意が得られず、運営は暗礁に乗り上げていました。

にっちもさっちもいかなくなったとき、必ず現れる救いの神様は、古在先生、中野好夫先生でした。このときも、お二人に加えて吉野源三郎、藤井日達、三宅泰雄先生ら十六人の方々による「緊急の訴え」が出されました。〔古在〕先生は珍しく「私は声が大きいから読み上げる」と、買って出られました。〔中略〕

凛々と響くお声は、先生の心そのものでした。この「緊急の訴え」がもとになって、一四年ぶりに八月九日、長崎大会が開かれたのです。いま、手元にある世界大会の記録を見ても、〔古在〕先生は二、三〇人におよぶ代表委員に名を連ねても、世界大会など公式の場での挨拶は一切引き受けられませんでした。だから、あの簡潔で人の心を打つ発言の記録を目にすることができないのが、いかにも残念でたまりません。(19)

五氏アピールの面々、また、古在や中野が原水禁運動のなかでもっていた重みが、田中里子によってこのように描かれたのだった。

一九七七年以降、原水協と原水禁の運動組織の統一は実現に至らなかったものの、運動の統一は実現した。それを背景に、原水禁運動とは距離をおいていた市民団体も運動に復帰してきた。そして、各団体は、国内での署名運動などに積極的に取り組み、署名を国連に届けていくという流れが明瞭になった。また、日本の運動と欧米の運動との連携が密接化した。その連携は、すでに述べたように、七〇年代から追求されていたものであるが、八〇年代に入ると、より顕著なものとなった。

一九八一年　海外での反核運動の高揚

ここで眼を海外に転ずると、欧米でも反核運動が高揚していた。『近代日本総合年表』[20]の一九八一年の「国外」の欄を見ると、次のような記述が目に留まる。

四・七　NATO国防相会議開催（〜四・八、ボン）。四・八　中距離核ミサイルを八三年に欧州配備・ソ連との核軍縮交渉再開などのコミュニケを発表。

四・一八　ブリュッセルのNATO本部前で、欧米一三ヵ国七〇〇〇人が、核兵器配備反対・核軍縮交渉即時再開を要求、デモ。

一〇・二　米大統領レーガン、核戦力強化計画発表（MXミサイル一〇〇基配備・新型トライデントⅡミサイル開発など)。

一〇・一〇　西独、ボンで中距離核ミサイル配備反対の平和デモ。内外から二五〜三〇万人参加。

一〇・二四ロンドンとローマで、一〇・二五ブリュッセルで、反核デモ。各二〇万人前後参加。同日、パリで反核集会。

一一・一五　アテネで、米軍基地撤去要求デモ。二〇万人参加。同日、マドリードでNATO加盟反対・反核デモ。五〇万人集結。一一・二一アムステルダムで三〇万人の反核デモ。欧州各地で民衆の平和運動広がる。

こうしたヨーロッパの動きは、中距離核戦力の欧州配備がヨーロッパを戦場にしてしまうという危機感から広がったものであった(21)。

ここに記したヨーロッパの反核運動は、四・一八のブリュッセル、一〇・一〇のボンの記述を見ればわかることであるが、アメリカが中距離核戦力の欧州配備を進めることに反対するものであって、その限り「反米的」な、グラス・ルーツ的な色彩を帯びていた。それに対し、日本の反核署名は、ヨーロッパにおける中距離核戦力の欧州配備反対というような、当面する具体的要求を前面に出したものではなかったように思う。

吉野の遺志の継承

世界的にも反核・平和運動が高揚に向かいつつあった一九八一年、核兵器廃絶の運動の推進に精力を傾け続けていた吉野源三郎はこの世を去った。五月二三日のことだった。享年八二。古在は、吉野の葬儀の際の中野好夫のことにふれている。

中野さんはその霊前にきわめてみじかい弔辞をささげ、「かならずあなたの志をつぐ」とむすばれた。それは晴れわたった初夏の一日だったが、この年の夏から昨年〔一九八四年〕の夏まで中野さんの平和行進はつづけられた。[22]

ここで「あなたの志」と言っているのは、核兵器廃絶の目標達成への道を意味していた。[23] また、ここに「平和行進」というのは、毎年の原水爆禁止世界大会を前に、広島や長崎を目指して行われていたもので、東京・広島コースなどがあった。その一部区間を歩くというような参加の仕方もあって、中野のばあいは、歩行距離という点では部分参加だった。

葬儀のときの古在の様子を、鶴見俊輔は次のように書いている。

吉野さんの葬儀の時に、偶然私は、古在さんとテーブルをはさんですわった。古在さんはうちひしがれた感じで、私との会話を古在夫人がかいぞえされた。弔辞を述べる時になって、他の人は吉野さんの写真に向かって弔辞を述べるのに、古在さんは、くるりとむきをかえて、吉野さんの写真を背にして、参会者にむかってはなしかけられた。古在さんの中に吉野さんがいるようだった。(24)

そのとき古在が「参会者にむかってはなしかけ」たのは、次のようなことだった。

君がこの数年に精魂をかたむけつくした核兵器廃絶の目標達成への道、そのための、全国的そして世界的な勢力の統一と団結の道。みなさんとともに、病床にあっても念願していたという、この遺志をついで最後までやりぬくつもりです。(25)

こうして、最晩年の吉野・中野・古在は、核兵器廃絶運動に力を集中した。一九八〇年代初頭、その運動は高揚を示した。

一九八一年「核」問題討論会での中野のスピーチ

古在は、吉野源三郎の葬儀のとき、「一月一回ぐらいの核問題研究会をはじめようという相談がもちあがったのもこのときだった。葬儀がおわって、中野さんをふくめて二〇人ほどの人たちが近所の喫茶店できめたのである」(26)と書いている。これが、東京・渋谷の全国婦人会館で開かれた「忘れまいぞ『核』問題討論会」となり、八一年六月から始まった。

この「『核』問題討論会」については、私も古在に紹介され、その集まりになるべく参加することを心がけた。

「忘れまいぞ討論会」については、私のメモが少し残っている。日付が「81・10・29」とある「討論会」では、小出昭一郎（東京大学教養学部教授・物理学）、古在由重、陸井三郎、中野好夫の四氏がメイン・スピーチをした、とある。

そのメモによれば、中野のスピーチは、「核の傘」という言い方がどのようにして生まれたか、というものだった。この年の六月に「京都会議」（ラッセル・アインシュタイン宣言を受けたパグウォッシュ会議の日本版の集まり）があり、そこで豊田利幸（名古屋大学教授）が「核のカサということばがどうして生まれたのか知らない」と発言したとのこと。察するに、著名な物理学者の豊田利幸でもわからないとすれば、と自ら調べてみたということだろう。文脈のたどりにくいところもあるが、そのメモを写しておこう。

昭和四一年（一九六六年）二月一七日午後、下田〔武三〕外務次官記者会見。
核のカサということばが出た。
一八日　予算委、外務委　下田次官の核のカサとはどういうイミかという話があった。
その日の閣議　統一見解を出す。核のカサはきわめてあいまい。核のカサの下にあることを否定することはできない。

外交官の下田氏が核のカサということばをつかったというのは、注意すべき。あきらかに英語的発想。

中野の話はこのあと、英米の辞典を調べた話になった。その中に、アンブレラにプロテクションの意味があり、political umbrella という用例がある、「おそらく外交官の下田氏はこういうイミでカサという表現」を使い、わかりやすいということでこの「核の傘」という表現が広がったのであろう、という推定であった。

今ならば、インターネットで検索して探索することになるが、一九八〇年代はじめでは、事情はまったく異なる。中野がかなりの労力を費やしてこれを調べたことがうかがえた。

その後の古在ゼミで、中野のこのスピーチが話題になり、「中野先生の調査は本当に徹底しているのですね」というと、古在は呵呵大笑した。

なお、この「討論会」については、本書の「陸井三郎さんのこと」でも、またふれる。

古在『草の根はどよめく』の刊行

一九八二年は、第二回国連軍縮特別総会がニューヨークの国連本部で開催された年だが、同じ年の五月に、古在『草の根はどよめく』(27)が出版された。そのなかに、「草の根」(グラス・ルーツ)ということばについて考察した部分がある。それを考察した理由は、当時、「草の根・反核運動」ということばが一定の広がりをみせていたことに関連する。「草の根」とはなにか、というのである。グラス・ルーツということばがはじめて公式に使用されたのは、一九三五年のアメリカ共和党大会においてであったという。しかし、このことばは、今や「風になびく隷属的な客体」である一般庶民という意味から「風をまきおこす自主的かつ自発的な主体」という意味に転化しつつあるという論が、この本で展開されていた。

関屋綾子（元ＹＷＣＡ代表）の「平和運動と古在由重先生」によれば、古在は関屋に語ったという。

「草の根っていう言葉はどこから出てきたものだろう。私は、ホイットマンの『草の葉』という詩の中に何かその語源があるのじゃないかと思ってね。今日丸善で、新しい『草の葉』を一冊買ってきたの。これをもう一度はじめから読みなおしてみようと思うんだ」と。そんな時先生は、永遠の青年の如く若々しくあられた。あとになってまた言われた。「草原の雑草たちは、王様が来ようが、大臣が来ようが、知らん顔で、頭を高くあげて風に吹かれている……って。いいじゃないか[28]」

『草の根はどよめく』が出版されてまもないころ、私が「忘れまいぞ『核』問題討論会」の会場に入ると、古在が前の方にすでに座っているのがみえた。参加者が多かったこともあり、私は古在から少し離れた席に座った。まもなく会場に関屋があらわれた。それに気づいた古在が関屋に、『草の根はどよめく』を献本しているのがみえた。

右にみた「風をまきおこす自主的かつ自発的な主体」というのは、特定の党派・組織による「動員」を受けて動くような存在ではなく、「コモン・センス」をもった「ふつうのひと」であり、自らの意志で自主的・自発的に動く主体ということである。これが数多く集まれば、それが「風をまきおこす」ことにつながる、反核世論の形成になる、という主張であり、反核・草の根運動の推進に寄与する理論化がめざされていたといえよう。

文学者の動き

文学者たちも動いた。八二年一月二一日『朝日新聞』朝刊一頁トップに、「文学者二八七人が反核アピール　平和のためすぐ行動を」という記事が出た。(29)「政治的見解を超え初の結集」という見出しも付けられていた。

その記事によれば、呼びかけ人の中心になったのは、中野孝次、ドイツ文学者の伊藤成彦らで、声明の母体となる呼びかけ人三六人がそろって声明をまとめたというが、その三六人には、

井伏鱒二、尾崎一雄、藤枝静男、井上靖、埴谷雄高、堀田善衛、安岡章太郎、巌谷大四、高橋健二、吉行淳之介、木下順二、本多秋五、大江健三郎、井上ひさし、生島治郎、小田実、小中陽太

郎氏らが名を連ねている。尾崎、藤枝、吉行氏のように、これまでこうした運動とは無縁と見られていた作家が加わっているのが特色だ。

というのであった。そして、この声明が文学関係者約五〇〇人に発送されたが、呼びかけ人の予想を上回る反響があり、二〇日現在で、二八七人の署名と声明に寄せる意見が寄せられたとして、呼びかけ人以外の三三人の署名者の名前がこの記事に載っている。

石川達三、遠藤周作、水上勉、大岡信、川口松太郎、小林信彦、古山高麗雄、森敦、飯沢匡、佐多稲子、田中小実昌、三浦綾子、田中千禾夫、辻邦生、野間宏、三田誠広、村上竜（ママ）、吉村昭、加賀乙彦、河野多恵子、北杜夫、桑原武夫、佐藤愛子、佐木隆三、芝木好子、田辺聖子、筒井康隆、阿刀田高、五木寛之、田宮虎彦、中里恒子、吉行理恵、大岡昇平

ここにも「こうした運動とは無縁と見られていた作家」が含まれているといえようが、当時の反核アピールには、これだけの文学者の気持ちを動かすものがあったということであろう。その「空気」は、圧倒的な数の署名の集まり具合と連動していたというべきである。

ここに名前は出ていないが、中野孝次・伊藤成彦とともにこの動きを推進したのは、西田勝であった。[30]

国連へ

国連に反核署名を集中しようという動きには「前史」があった。一九八〇年八月二日、広島で開催された原水爆禁止世界大会国際会議で、ノエルベーカー、マクブライド、ペギー・ダフ（「軍縮と平和のための国際連合」書記長）の三氏が、「八二年に予定されている第二回国連軍縮特別総会に向けて、反軍拡・核軍備撤廃を要求する署名を世界的な規模で進めたらどうか」と共同提案した。[31] これは、第一回国連軍縮総会に向けて、日本で核兵器完全禁止を求める署名運動が、日本国民二千万人分を提出して話題を呼んだことを受けて、これを世界的な規模で行おうという提案であった。

こういう流れのなかで、原水協・原水禁の間の対立は収まったわけではなかったものの、反核運動はさらに発展し、運動は八一年から八二年にかけて最高潮に達した。八二年五月二三日、「八二年・平和のための東京行動」が行われた。これは、翌日の新聞各紙に大きく取り上げられた。『読売新聞』第一頁のトップには「核廃絶へ東京アピール」「四〇万人 熱い願い 思想、信条の違い超え各層から」という見出しで大きく報道され、東京の代々木、上野、明治公園に主催者側発表で四〇万六〇〇〇人（警視庁調べは一八万六〇〇〇人）が集まった。[32]

八二年六月七日から七月一〇日まで、第二回国連軍縮特別総会（SSDⅡ）が開催され、日本からも約一二〇〇名の統一代表団が派遣された。

八二年の国連軍縮特別総会に向け、反核署名の名簿が提出される、という報道があった。それによれば、署名は、日、米、英、カナダ、オーストラリアの五カ国、一六団体からで、「署名総数は計一億人分近くにもなりそうだ。うち、延べ約八千万人分は日本からのものだ」[33]という。信じがたい数字であるが、自民党系の団体も反核署名を進めるという事態まで生じていたことも関係しているだろう。

こうした署名運動の展開に際し、古在は、「署名」にどんな意味があるのか、署名の意義について考えをめぐらせた。署名という行為は、「微小行動」である。だが、その「微小行動」の集積が、あるいはその積分が、政治的なうねりを形成する一助になる。そのような見解を披露して、グラス・ルーツの人びとを鼓舞しようとしたのだった。

〈四〉暗転

突然の暗転

このように、反核運動は進展していた。欧米における反核運動の拡大、国内のおける文学者たちのアピールなどはあった。にもかかわらず、原水禁と原水協の対立が解消に向かっていたわけではなかった。

一九八四年になると、日本国内の原水禁運動の状況は大きく変化する。岩垂弘『ジャーナリストの現場』は、八四年問題にふれた文章に「突然の暗転　原水禁運動が大混乱へ」という題名を付け、次のように書いている。

日本共産党の機関紙「赤旗」は八四年四月四、五日の両日にわたって『統一の路線と分裂の路線――原水爆禁止運動の三〇年の経験と教訓――』という無署名論文を掲載した。〔中略〕六三年にいったん分裂した原水爆禁止運動だったが、七七年に統一を回復し、内部に不協和音を抱えながらも、統一はゆるがず、むしろ、共同行動の輪が広がりつつあった。〔中略〕

それだけに、こうした友好ムードに冷水をあびせるような「赤旗」論文は、運動関係者に困惑と戸惑いを与えた。〔中略〕

果たせるかな、「赤旗」論文は原水禁や総評指導部の反発を招いた。〔中略〕

その後、事態は意外な展開をみせる。共産党の矛先が一転、原水協内にも向けられる。〔中略〕〔「赤旗」記事は〕原水協を代表して世界大会準備委員会に出ていた吉田嘉清・代表理事と、原水協の有力加盟団体である日本平和委員会を代表して世界大会準備委員会に出ていた森賢一・事務局長を名指しで批判した。[34]

同時点の『読売新聞』を見ると、「この一か月、原水協の内部で続けられている対立は、死闘の様相を呈している」[35]とある。「死闘」は原水協内だけにとどまらず、原水爆禁止世界大会準備委員会にも飛び火し、「怒号が飛び交う現状には、一昨年、国連軍縮特別総会に向けて関係者が足並みをそろえた運動のカケラもない」[36]という状況になっていた。

ここに「原水協の内部で続けられている対立」というのは、「先の原水協全国理事会で代表理事を事実上解任された共闘推進派の吉田嘉清氏ら」と「新しく代表理事に選ばれた独自路線派[37]」の代表理事らの間の対立のことである。原水協内のこの対立が、七月一〇日夜に開催された大会準備委員会の運営委員会の場に持ち込まれた。つまり、原水協内の両派がそれぞれの正統性を主張して出席したのだった。

七月一〇日の会議

大会準備委員会の運営委員会の様子が、次のように報道されている。

会議の冒頭、中野好夫代表委員が「統一世界大会は八回目を迎えるが、敵は我々の運動が失敗に終わることを待っている。どうか、このことを忘れないでほしい」と団結を訴えた。しかし、論議は広島で開かれる世界大会分科会の課題の文面をめぐっても、原水協独自路線派の委員と市民団体、総評・原水禁グループとの間で意見が対立、午後一一時過ぎまで論議は続いた。こうした事態に、「こんな議論を続けていると、主婦が運動から手を引きかねない」（大友よふ・地婦連会長）、「こんなにもめるなら、もう広島に来ないでほしい。小さなことばの問題でもめずに、運動の中で生かしてほしい」（伊藤サカエ・被団協代表委員）など、原水協独自路線派委員に自重を求める声が続いた[38]。

この記事には書かれていないが、同じ運営委員会の模様を、『読売新聞』は「原水協の分裂確実に」という見出しで、次のように報じている。

運営委では、吉田氏解任問題について、他団体から発言が続出。独自派代表は反発して、吉田氏の退場を求めた。これに対し哲学者の古在由重氏らが吉田氏擁護に回り、騒然となった。[39]

この日の運営委員会で議長を務めた田中里子（当時地婦連事務局長）は、のちに当時を回想して次のように書いている（先に引用した回想の続きである）。

ここで、私にとって生涯忘れることのできない鮮烈な〔古在〕先生の思い出を、記憶の糸を辿りながら書き残しておきたいと思います。それは私自身の平和運動の指針でもあるのです。〔中略〕

八四年三月三十日、珍しく一人の反対もなく準備委員会は発足しました。〔中略〕私にとって運動の亀裂は、全く思いがけないところから起きました。

七月十日、日本青年館で開かれた八四年世界大会準備委員会の運営委員〔会〕には代表委員を含めて三十人近く、それに緊急事態を察して大勢の報道陣がつめかけました。ムンムンする熱気の中で、議長役の私は、冷静に冷静にと、自分で自分に言い聞かせました。同じ団体から二人ずつの代表委員、運営委員が出席していました。どちらを代表として認めるかが、この日の最大の焦点でした。

「皆さんのご意見を伺いたい、それが議長としての務めと思う」私は口を切りました。「団体で決定したことへの内部干渉だ」「平和運動は人権と信頼なくして成り立たない」――さまざまな意見に会場は混乱状態でした。追い討ちをかけるように、相手委員に対してこの席から「退場を求める」強硬な発言が出されました。

このときです。古在先生が静かに立ち上がりました。

「私も同じ考えだから退場する」

先生のあの大きな声は会場に響き渡りました。会場は先生のこの一言に、静まり返りました。凝縮された言葉の持つ意味は、どんなに長い演説よりも人々の心の奥深くに刻まれたのではないでしょうか。(40)

『朝日新聞』の「危機に立つ反核　ヒロシマ・ナガサキ39年」という連載記事「第二回　代表権争い」(七月二〇日付)は、七月一〇日の世界大会準備委の開催から一〇日近くのちの記事だが、準備委の模様の一端を伝えている。――「哲学者で準備委代表委員の古在由重さん(八三)が「吉田君が退場なら僕も退場になる。大体、同じ考えだからね」と吉田氏を擁護した(41)」

この準備委員会での古在のふるまいとその波紋の部分は、田中里子の回想と『読売』報道では、表面的に見れば少し異なるところがあるが、いずれにしても、古在発言の重みを伝えているといえよう。

ここで重みという意味は、ひとつには、一九七七年以来の原水禁運動において、古在が中野好夫とともども、その存在感を発揮してきたし、それは、関係者が広く認めるところであったということである（そのことの一端は、『古在由重』に寄せられた田中里子や関屋綾子といった団体のリーダーたちの回想文に明瞭に示されている）。今ひとつは、共産党に属することが広く知られている古在が、七月一〇日の世界大会準備委の席で、新たに選出されて出席していた「独自路線派」の原水協代表に公然と異を唱えたことである。この後、古在は共産党に「離党届」を出した[42]。

八四年の世界大会準備会とその後

原水禁世界大会準備会におけるこのような状況から、一時は八四年の原水禁世界大会の開催も危ぶまれる懸念もあった。

七月一〇日の準備会以後、いわば水面下でいろいろな動きがあったが、七月二〇日に開かれた世界大会準備会で、一応の決着をみた。この動向を、「原水禁大会、瀬戸際の分裂回避」という記事が伝えている。それによれば、「原水協（共産党系）役員を事実上解任された草野信男、吉田嘉清両氏」、つまり原水協の統一推進派のリーダーが、

最終的には「また分裂すると統一まで何年かかるか分からない。市民団体は世界大会が統一して

開かれるのを熱望している」との草野氏の判断で、自ら退くことを決意、中野好夫代表委員に第三者を通じて電話で伝え、辞任表明のタイミングについても中野氏に任せた。〔中略〕

二十日夜六時五十分、準備委が始まった。〔中略〕〔原水協の〕新執行部と市民団体のやりとりが約五十分続いたあと、ころ合いを見計らったように中野氏がマイクを握った。「草野、吉田両君から、大局から考えて世界大会を成功させるために準備委委員を辞任する、との文書が届きました。私もびっくりしたんですが……」。会場は静まり返り、目頭を押さえる女性委員も。(43)

こうして事態は急転直下、「解決」に向かった。以上の動向が「八四年問題」である。

＊

私が古在ゼミ時代に書いたメモのなかに、「1984.7.22 古在ゼミで」という短いメモがある。ここにみた新聞報道が出てまもないときのメモだが、そこに、古在のことばが書かれている。その一部を引用すれば、——

丸山眞男さんが、人間は怒ったときに〝地〟が出る。ことばも、方言〔なまり〕が出る、というようなことを言っているが、このとき〔準備委員会のとき〕は、「嘉清を退場させるならオレを退場させろ」（！）と言ったよ。まったく、ヤクザのことばだね。

ふだんは論理、ことばで対応するが、最後にこういう「非合理」なところが出てくる。

戦中だって、戦争反対といっても、別に効果はないわけだから、論理だけでは活動できませんよ。

吉田嘉清を「擁護」したときの古在は、激しい怒りで、「ヤクザのことば」を発してしまった、ということであろう（当時の新聞報道では、この「ヤクザのことば」は、文字通りには書かれていないようである）。

また、同じ七月二二日の私のメモには、古在が「最近の原水協の内部問題のことにふれ、絶望したという言葉をもらされる」と書かれている。

＊

ただ、原水協の統一推進派や古在たちが想定し、追求していたのは、単に政党やその外郭団体の連携・組み合わせにとどまるものではなかったということは書いておきたい。また、特定の時点に限定して「共同行動」をとるというだけのものではなく、「統一行動」を取ることができる組織的なつながりを求めるものでもあった。

古在と親しかった人びととして、田中里子、関屋綾子[44]、中林貞男の書いたところを思い起こせば、この人びとは古在と個人的な関係があったと同時に、地婦連、ＹＷＣＡ、生協連という市民団体とのつながりという意味をもつ人びとでもあった。

いずれにせよ、八四年の原水禁世界大会開催をめぐっての「死闘」の後で、古在は原水禁世界大会準備会から離脱せざるを得なかった。そのときから半年あまり、八五年二月二〇日に中野好夫は死去した。享年八一。

中野好夫の「贖罪の人生」

中野好夫のことについては、古在ゼミで中野について出た話のひとつをここに書いておこう。ゼミで中野ことが話題になったとき、ゼミのメンバーのひとりが、中野は「誰を戦争犯罪人と思うか」というアンケートに、単に「中野好夫」とだけ回答したという話に言及した。私は、この回答に強い印象をもったことをおぼえている。そのメンバーは、ドイツ文学専攻だが、幅広く各国文学を読んでいて、中野好夫の『蘆花徳冨健次郎』三冊なども愛好していたひとだった。

のちに出た中野利子『父 中野好夫のこと』にも同じことが書かれている。それによれば、戦時中の中野好夫は、文学報国会の外国文学部会の幹事長をするなどして、「大東亜共栄圏の成立をある程度本気に信じ、望んでいた」という。しかし、

戦中期の中野好夫の具体的な行動（の一部）を知ったことは、私にとって、父の戦後の生き方を貫く真剣さや気迫の方をむしろ浮かび上がらせる結果になった。〔中略〕誰を戦争犯罪人と思うかという新聞のアンケートに「中野好夫」とだけ書いた（一九四六年）という父にすれば、それ

にすべてをこめたのだろう。(45)

という。中野の娘のこの観察は、その父の戦後における行動の理解につながっていく。『父 中野好夫のこと』の前半では、父に対する娘の反発の記憶・叙述が続いているが、年月を経て、次第に父のことを別の眼で回顧するようになっていくのである。

戦後の父の人生は、ある意味では贖罪の人生だったと断定してもいいと思うようになった。「人間として一度間違ったことは必ずしも恥ではありません。……そのために卑屈になること（なく）……このあまりにも大きすぎた教訓を生かすことであります」（「怒りの花束」）。また別の文では「同じことをくりかえさないことこそ問題なのです」。この誓いを四〇年間、守り抜くのはそれほど容易なことではない。砂川基地返還運動、金嬉老(キンキロウ)減刑運動、都知事選、朝鮮大学校承認問題、原水禁運動、憲法問題……、ありとあらゆるところに顔を出す父の様子を遠くから（新聞や雑誌で）見ていて呆れ果て、あれは父の自己顕示欲かしら、と思った私は浅はかだった。（八二～八三頁）

さらに「父が自費で沖縄資料センターを作った」と聞いたときには、娘は父好夫に「好感をもった」という。娘の反発や共感の感情はともかくとして、中野の関わった社会的な運動の広さだけでなく、その運動への打ち込みの理由が、この回想文からうかがえる。

藤田省三の見方

先に、古在と大内兵衛の間に信頼関係があったということを、肯定的に書いた。とはいっても、その政治的効果にはまた別の問題があったかもしれない。私の「追悼のつどい取材メモ」に、藤田省三のことばが残っている。それによれば、「古在先生も中野好夫氏も、かなりあとまで社共統一路線を考えていた。古在先生は、社会党のなかでも協会派に希望をつないでいた」。そう考えれば、古在が原水協の「独自派」に同調せず、「統一推進派」に肩入れした事情の一因も説明できるかもしれない。藤田本人は、社共中軸路線には批判的で、とりわけ社会党内の社会主義協会派には非常に批判的だった。

〈五〉古在ゼミとその周辺

スターリン主義をめぐって

古在ゼミは、ゼミナリステンが交代で、それぞれのテーマをレポートする形で行なわれていた。その案内ハガキに記されていたテーマの中には、「マルクス主義への私の疑問」（一九七七年五月）、「自主管理論の基本的問題」（八一年五月）、「スターリニズムの認識論とデモクラシーの認識論」（八二年五月)、「社会主義における民主主義をめぐって」(八四年一〇月)などがあって、わりあい自由にテーマ設定がなされていた。

とはいえ、ゼミの際のスターリン主義をめぐる話では、忘れがたいことがあった。

ゼミナリステンのひとりは、当時東欧で出てきた非スターリン主義的な社会主義論に共感を示し、それとともに、スターリンによる大量殺戮について、ゼミの折に事細かに紹介したことがあった。

それに対する古在の反応あるいは反発は、激烈だった。そういう情報には自分も接しているけれども、ナチスドイツの撃退を指導したのはスターリンであり、その功績を無視できないと強調した。今ならば、ナチスドイツを撃退したことで大粛清の実行が免罪されるわけではないことは明白だといえるにしても、そのときの古在の激烈さに私はたじろいだ。ソ連への古在の親近感は、最後まで消えなかったのだと思う。

古在ゼミのメンバーのひとりによる強烈なスターリン主義批判、それに対する古在の激烈な反発。私が何も発言できなかったことも含め、忘れ難い。

それにしても、ソ連への親近感が消えなかった理由はどこにあったのだろうか。思いあたることのひとつは、独ソ戦の記憶かもしれない。古在の『戦中日記』[46]には、一九四四年の日記が含まれている。ただし、この日記にはやや特別なところがある。というのは、当時の古在は、保釈されていたとはいえ、「保護観察」という官憲の監視下にあった。いつなんどき踏み込まれ、日記を押収されるかもしれないという状況の下、日記では身辺のことにはほとんどふれず、「日本の政治や軍事の情勢についても直接にはあまりふれられていない。おもに、ナチス・ドイツにたいするソ連赤軍の戦闘が毎日のように跡づけられているのはそのためであり、わたしの意見や展望のかわりに日々の新聞記事の報道や地図がいわば客観的な形でノートのページにはりつけられているのも、そのためである」（『戦中日記』六二四〜六二五頁）という事情だったからである。

一九四四年といえば、すでに独ソ間のスターリングラード攻防戦は終わっていて、ソ連軍＝赤軍が次第に西に向かって進軍しつつある時期であった。古在が地図と照合しつつ、戦況を見つめていたことがうかがえるが、こうした戦況の観察の積み重ねが、ソ連に対する親近感をより強める方向に作用したのかもしれない（今この『戦中日記』を見ると、当時の新聞が詳しく独ソ戦の戦況を報じていたことは驚くほどである）。

戦況の観察といえば、古在ゼミで朝鮮戦争のことが話題になったときのことを思い出す。朝鮮戦争勃発当時、日本の左翼の間では、戦争をしかけたのは「南」だという認識が強かった。それは、「北」側の発表、プロパガンダに依拠するものであったのだろう。しかし、古在は、当初からそういうことはあり得ないという認識だった。その根拠は、戦争勃発当初、北朝鮮軍は一気に優勢となるが、そういう事態は事前の準備なしにはあり得ないという判断であったという。イデオロギーにとらわれず、軍事的動向からの判断、ということである。

弁証法について

古在ゼミについての私のメモ「80.1.17」に、古在が（自然）弁証法について述べたことばが短く記されている。

私は、弁証法ということばがよくわからない。ものごとは全体的にみなければならないという程度で終わっていればともかく、それ以上の話になってくると、よくわからない。マルクスは少し別として、弁証法を使ってなにか新しい発見があったというようなことはないのではないか。坂田昌一氏でも、別に弁証法ということを知らなくてもああいう理論化はできたのではないか。

坂田昌一は、湯川秀樹や朝永振一郎とともに素粒子研究を進めた理論物理学者として著名[47]であり、坂田理論にはエンゲルスの『自然弁証法』の影響があるようなことが言われていた。坂田の理論は別としても、一般にマルクス主義といえば唯物弁証法あるいは弁証法的唯物論がその重要な柱をなす、というのが公式的な理解だった。

弁証法がマルクス主義にとっての重要部分であるとする見方について、古在はいささか疑問をもっていた、ということになるだろう。とはいえ、古在は、弁証法の位置付けについての疑問を公表するということはしていない。

イデオロギーとは別に

先に「スターリン主義をめぐって」のところで、「イデオロギーにとらわれず」と書いたが、その点で思い出すのは、藤田省三から聞いた話である。それは、尾崎・ゾルゲ事件（検挙は一九四一年）に関連する。古在は親友の松本慎一ともども、尾崎秀実救援のために奔走した。[48]

「一九三〇年代後半には、もはや共産党は壊滅状態になっていた。だから、判断を仰ぐべき党はなく、みずから判断をせざるを得なかった。そういう体験が古在先生にはある。これ〔尾崎救援活動〕は、獄中に何年いたということより大変だった」というのが、藤田の見方だった（私の「追悼のつどい取材メモ」による）。

また、その弁護士については、竹内金太郎弁護士に尾崎の弁護の依頼に行ったという。竹内弁護士は、左翼運動の弁護に力点を置いていた弁護士ではなかったけれども、あえてそういう弁護士を選ばなかった。「こういうふうに弁護士を選ぶというのは、古在先生の偉いところだ」というのが藤田の意見だった。[49]

救援運動という点で思い出すのは、三木清に関連することである。

古在ゼミ当時の私のメモのなかの「84・7・22　古在ゼミ」というメモの一部を引く。

三木清をめぐって　古在氏談

死のときに、東畑精一が、そのまえに引受人になると言えば出獄でき、死ななかった筈だ。

三木と親交があった古在は、一九四五年に三木が逮捕・投獄されると、その救援活動に奔走し、東畑精一のところに身元引受人になるようにと依頼に出かけた。東畑は農業経済学者で、当時東京帝国大学農学部教授。その妹の喜美子は、三木清の最初の夫人だったから、東畑からすれば、三木は元義弟にあたる。しかし、東畑は身元引受人になることを拒み、古在たちの救援活動は実らなかった。三木は、敗戦後の一九四五年九月二六日に獄死した[50]。

石堂清倫の回想

スターリン主義批判に話をもどす。

一九五六年のハンガリー革命（動乱）、六八年の「プラハの春」を経て、八〇年のポーランドの「連帯」の運動と、東ヨーロッパでは、スターリン主義的体制を揺さぶる動向が間欠的に表面化した。それらは、日本の左翼的知識人にも大きな波紋を呼び起こした。

七〇年代から八〇年代にかけて、ロイ・メドヴェーデフの『共産主義とは何か（上・下）』（三一書房、一九七三・四年）が石堂清倫（一九〇四〜二〇〇一）の訳で刊行された。むろんこれは、スターリン主義批判の書だが、石堂訳でこういう本が出ていたことは古在も知っていたに違いないと思う。私は石堂と面識はなかったし、古在から石堂のことを聞いた記憶はないが、古在は石堂とも親しかったはずである。石堂が関わった一九五〇年〜五二年の『マルクス＝エンゲルス選集』（全二三巻、大月書店）欄に、訳者として古在の名前も出ているし、五三年～六九年の『レーニン全集』（全四五巻、大月書店）の「刊行委員会」一〇名の名前のなかに石堂・古在などが名前を連ねているからである。[51]

古在没後のことになるが、雑誌『図書』に掲載された石堂の一文のなかに、「十何年かまえの古在由重君のことを思いだす」とあった。一九八〇年ごろのことであろう。

神田の古本屋で彼とばったり会ったとき、彼はいきなり「君はどうするかね」ときくのである。ヤブから棒みたいな話であるが、わたしは一瞬のうちに万事を了解した。当時申込募集中のマルクス・エンゲルスのアカデミー版新全集にお前は申込むつもりかというにちがいない。この全集（新MEGA）は単価が一万円以上になり、全百巻の刊行に二〇年か三〇年はかかるのである。[52]

それと言わなくても阿吽の呼吸でこの種の話が通じてしまうようなふたりの間柄が晩年まで続いていたことがうかがえる。ふたりのこの会話は、全百巻の申込みをしても、「途中で死ねば家族に迷惑をかけるからなあと嘆きながら、わたしの答をきき、一安心して〔古在も〕申込まないことにしたのであった」と結ばれていた。

石堂が反スターリン主義の立場に立っていることは古在も承知していたはず。どこに両者の分岐があったのか。古在の場合、マルクス主義に対する確信とソ連への親近感に、やはり抜き難いものがあったのではないかと思う。弁証法の意義づけに疑問を抱いていたとしてもである。

中国に関していえば、中ソ対立に関して、藤田省三から聞いた「古在先生は一回も中国派の立場には立たなかった」ということばも印象に残る。それだけソ連への親近感が強かったということでもあろう。

アンソニの指摘

先にふれた五氏アピールが出された一九七七年の夏、広島で核軍縮国際フォーラムがあった。そこで古在は、ノエルベーカー卿に会い、ことばを交わしていた。

それから五年後の八二年一〇月八日、ノエルベーカーが死去した。「九日付の英紙は一斉に長い評伝を掲げて追悼」し、デクエヤル国連事務総長は、

ノエルベーカー卿の死去について弔意を表す声明を発表、「この夏の軍縮特別総会の演説では彼の平和への熱意が全く曇っていないことを示した。勇気ある不屈の平和の戦士だった」とその死を悼んだ。

事務総長はまた、ノエルベーカー卿が一九四五年から四六年まで英外務担当国務相として国連準備委員会で重要な役割を演じ「平和な世界秩序、特に軍縮の実現の闘いをやめなかった」とたたえた。(53)

と報じられた。

ノエルベーカー死去から三年近く後のこと。IOCの顧問でもあったドナルド・アンソニが、あるシンポジウムのため八五年八月に来日し、イギリスへの帰国の前に、古在宅を訪問した。古在もアンソニも、ノエルベーカー卿の尊敬者だが、アンソニは、「卿の最後の日まで三〇年間もその補佐役をつとめ、その身辺の世話までしていた」という。そして、古在はアンソニから一九八二年の卿の最期の様子も聞いたと書いているが、(54)私のメモ(一九八五年九月七日)に、アンソニの訪問についての古在の話が書き留められている。それを若干の字句を補いながら引いておく。

(一)夏休みにノエルベーカーの秘書をしていたアンソニさんが来宅。そのときたまたまテレビでユニバーシアード神戸大会の放送がされていた。それを見ながらの話。古在さんが「選手たちは、胸に企業のCMをつけて走っているが、あんなことをしないで、〈反核〉といったようなゼッケンをつけて走ったらどうか」と言うと、アンソニさんはただちに、「それはダメだ。そんなことをしたら〈戦争賛成〉といったゼッケンをつけることも認めなければならなくなる」と言われて愕然とした。その通りだと思った。

(二)自分(古在)は、戦前・戦中に治安維持法で捕まっていたということを述べたら、「なぜ戦後、賠償請求を起こさなかったのか」と言われた。たしかに、共産党の幹部たちも、そういう訴訟を起こしてはいない。アンソニさんが言うには、「その請求をして、勝つか負けるか、お金がいくらもらえるか。そんなことは問題ではない。とにかく、不当だということを訴えるべきだった」と言われた。その通りだと思った。

(三) 以上二点の指摘を受け、しばらくのあいだ「ペシャンコ」になった。ヴォルテールの「君の意見には反対だが、君の意見を言う自由は死をかけて守る」という言葉は知っていたし、学校で学生にしゃべりもした。しかし、ゼッケンの話などを考えると、そういうことばが少しも身についていなかったということを思い知らされた。

古在とアンソニは、文通している知人ではあったものの、このときがなんと初対面だったという。アンソニは、ロンドン大学で体育学の授業をしていたというし、古在もインター・カレッジの槍投げで優勝したようなひとだったから、このときのふたりの間では、スポーツの話が中心ではあったが、それ以外の話題も多岐に及んだという。

アンソニさんとの会話では、〔中略〕ジョーク好きの氏はわたしや妻をたびたび笑いの渦へまきこんで、時のたつのもわすれさせた。しかし話題はやはりノエル・ベーカー卿への追憶にもどってくる。[55]

アンソニの古在宅訪問の理由は明記されてはいないけれども、この訪問は、ノエルベーカーが平和運動家としての古在、あるいは古在を含む運動家たちに一目置いていたことの現れであり、その遺志にしたがっての表敬訪問だったのではないかと思われる。

＊

アンソニが古在宅を訪問した年、一九八五年の世界大会をめぐっても紛糾は続き、世界大会は辛うじて開催に至った。しかし、八六年に至り、統一世界大会は開催不能状態となり、日本の原水爆禁止運動は、再分裂する事態となった。そして、一九八六年は、昭和の六〇年目の年、その年の四月二六日、チェルノブイリ原子力発電所の事故が起こっていた。

古在ゼミでの私のレポート

古在ゼミでは、ゼミナリステンのそれぞれがレポートをするという形だったが、私にも順番が回ってきた。近代日本思想史関連のことをレポートしたことが印象に残る。和辻哲郎、南方熊楠、大杉栄、柳宗悦、平和問題談話会などについてであった。

私が古在ゼミで一九三〇年代の和辻についてレポートしたときの古在のことばとしては、一九三七年に文部省教学局の名前で出された『国体の本義』の内容と和辻倫理学の関連はどうかということがあった。また、西田幾多郎について、いつか西田が「唯物論者といっても、〈よい唯物論者〉と〈悪い唯物論者〉がいる。古在は〈悪い〉ほうだ」と言ったそうだと言って呵々大笑した。「西田にそう言われないでどうする」といった趣だった。

戦中の和辻倫理学や西田哲学についていえば、その時代の古在にとっての論敵だった。古在の戦前の代表作『現代哲学』は、欧米の哲学を取り上げているが、もとはといえば、当時の日本主義哲学批判を志したものだったという。しかし、日中戦争が始まる頃になると、言論統制がきびしくて、日本主義批判、「日本精神」批判は書けなくなった。それで論ずる対象を欧米の哲学に切り替え、日中戦争に出征する兵士たちを送る人びとの「万歳、万歳」の声を聴きながら『現代哲学』を書いたという。このとき「日本精神」批判のために準備した内容が、戦後になって、古在論文「和魂論ノート」となったのだった。

古在由重・丸山眞男対談の中では、こうした経緯についてもふれている。

古在　〔『現代哲学』で〕それ〔ハイデッガーのフライブルク大学の学長就任講演〕を批判することによって、間接に読者が、日本における場合に当てはめてくれればいいなという気持でした。

丸山　いや、当時の読者からいえば間接どころか、もう直接そのものですよ。[56]

私がゼミで大杉栄についてレポートしたときには、一九二三年の関東大震災直後の九月一六日に大杉が殺害されたころのことを、古在は回想した。

その回想と同じだったわけではないが、古在の当時の日記が、『著作集』第五巻「思想形成の記録Ⅱ」に収められている。その一九二三年九月二五日のところをみると、「個人の生命は絶対的也[57]」という観点から、「思想に対するに暴力」を批判し、大杉の活動にも一定の親近感を持っていたことがうかがえた。ただ、ゼミナリステンのひとりが私の大杉評価に否定的だったことも、印象に残っている。

私がゼミのレポートで取り上げた人物、あるいはその活動は、一九二〇年代から三〇年代に関するものが多かった。それは、古在の青年時代にあたっていたから、同時代にどのように受け止めていたのかがわかり、興味津々だった。

私は、古在ゼミで報告したところを論文にして発表し、それらを『大正デモクラシーの思想水脈』(同時代社、一九八七年)に含めて出版した。むろん、古在にも献呈したが、まもなく電話がかかってきて、好意的なことばをいただき、じつに嬉しかった。

また、この本を、ゼミの話題に取り上げてもらえたこと、美代夫人にも読んでいただいたこともありがたかった。

平和問題談話会について

古在ゼミでレポートさせてもらった際に、私には意外に思われることもあった。一九八五年に雑誌『世界』臨時増刊号「戦後平和論の源流――平和問題談話会を中心に[58]」が出たとき、私はおおいに興味を感じ、平和問題談話会についてレポートした。この談話会は、戦後日本の講和のあり方について、当時の有力な知識人五六名が「全面講和」などの主張を表明した(一九五〇年)ものだった。

日本が締結したサンフランシスコ条約には、急速に進む冷戦のなかでソ連などが調印せず、インドやビルマは講和会議に不参加、中華人民共和国と中華民国は会議に招待されず、韓国・北朝鮮は会議に参加できないという状態だった。しかし、英米をはじめとする四八ヵ国との間での「片面講和」を日本は結ぶことになった。

この「片面講和」に対し、「全面講和」を主張する意見が日本国内にはあった。平和問題談話会は、その「全面講和」を主張していた。

私が平和問題談話会について、古在ゼミでレポートしたときの古在の反応は、私には意外だった。それは、「この談話会には、君が考えるほどの意味があったのかね」という意味のものだったからである。この談話会には、丸山眞男や中野好夫も参加していたし、もとはといえば、この談話会の出発に関しては吉野源三郎の提案があった[59]からである。そういう人脈を考えれば、ここに古在が加わっていないことは、ふしぎな気がした。

なぜそのような反応になったのか。当時の私にはよくわからなかったが、今思えば、この談話会の提唱した「全面講和」の立場がユネスコの声明に基づいていたのに対し、共産党は「全面講和」の立場を取ってはいたが、平和問題談話会と立場を異にするところがあり[60]、古在がその共産党的立場に執着していたからであろう。と同時に、談話会の側にも、共産党の人士の参入に否定的だったという面もあった。

美代夫人のこと

美代夫人のことにふれたが、美代夫人は、ゼミの話し合いに時折参加したし、みずから女性問題に関し、レポートしたこともあった。美代夫人は、家庭裁判所の調停委員をしていたので、それに関連する内容だった。美代夫人（旧姓・田中）は、古在が東京女子大教員時代の教え子のひとりで、一九三七年に結婚し、一九八八年の夫人の死去まで連れ添った。

また、古在ゼミの忘年会の折には、娘さんともども夕食を準備してくださった。この食事がまたじつに美味しいものだった。あるとき食事に関してふと言われたことが印象深い。それは、「みなさんと一緒に食事をすると、古在も食が進みますから」というものであった。

また、古在は、政治犯として韓国の牢獄につながれていた徐兄弟の救援運動に尽力し、徐兄弟の母堂を励ましていたというが、その母堂は足が痛いという古在の話を聞いて、お見舞いにということで朝鮮人参を古在宅に送り届けたということがあった。美代夫人は、「それを使ったお粥を作りましたので、みなさん、古在と一緒に召し上がってください」と言われ、ご馳走になったこともあった。

私のメモ（一九八五年九月一五日）をみると、古在ゼミのときに聞いた話として、夫妻の結婚の経緯が書き留められていた。それによれば、美代夫人は大学卒業後、就職して仕事をしていたけれども、治安維持法違反で検挙され、田中美代という名前が新聞に出たという。

美代夫人の父親は、娘の古在との結婚に反対だったが、その理由は、古在が検挙歴をもっていたことにあったという。そこで彼女は、「検挙された人が結婚できないというなら（自分も検挙歴があるのだから）私も結婚できないのね」と言って、父親に古在との結婚を承知させた、ということだった。

美代夫人の父上が古在由重の検挙歴について知っていたというのは、娘からの情報だったかもしれないが、検挙については新聞にも出ていた。[61]

ベルリンの壁崩壊のころ

古在の死去の前年・八九年一一月九日、ベルリンの壁が崩壊した。東西冷戦体制のシンボルともいえるベルリンの壁。その崩壊を、古在は民主主義を求める人びとの意志によるのだととらえていたと思う。同時に、なぜ東ドイツの政権がそのような事態に招来することに至ったのか、それをマルクス主義的に（あるいは社会科学的に）解明する必要があるともくり返し言っていたと、古在の最晩年に身辺の世話をしていた及川孝から聞いた。そして、その解明のために、マックス・ヴェーバーの官僚制論に手がかりを見出そうとしたという。

最晩年の古在は緑内障になっていて、手術も受けたけれども、新聞を読むのも困難となった。新聞記事の読み聞かせヴォランティアをしてくれる人がいたというが、八八年秋の美代夫人の死去に伴う精神的打撃は大きく、身体面でも長年患っていた脚の痛みは激烈で、そのために入院したこともあったが、事態は改善されなかった。

古在は、戦争中にマックス・ヴェーバーの『ヒンドゥー教と仏教』をほぼ訳し終えていた[62]くらいだから、ヴェーバーの著作はいろいろ読んでいたと思うが、その官僚制論を自分で再読するには困難な身体状況になっていた。

今思えば、官僚制というアプローチで社会主義国家としての問題性が浮き彫りになるかどうかは疑問だけれども、それは、時間が経過したから言えることだろう。

最後の面談

八九年一二月二九日、私は古在ゼミのメンバーとふたりで、古在のお見舞いに出かけた。これが、私にとって、生前の古在との最後の面談となったのだが、その時のメモが残っている。

そのメモの一部を引いておくと、まず、「戦後の統一戦線の問題」があった。

戦後の統一戦線的なものはすべてうまくいかなかった。反核の問題、美濃部都政など。比較的うまくいったのはベトナム反戦か。美濃部都政は、はじめはある程度うまくいった。しかし、途中からうまくいかなかくなった。相手の話を聴く姿勢をもつ者——ぼく（古在）みたいなのはそのひとりだと思うけど——は、ある方面からダメだとされる。自分が主導権を持たないとダメだということになった。

また、この訪問の日の四日前、ルーマニアの独裁的指導者で、特別軍事法廷によって死刑判決を受けていたチャウシェスクが銃殺されていた。それは、ベルリンの壁崩壊以降に相次いだ東欧社会主義政権崩壊の一コマだった。なぜそういう事態になったのか。じつは、古在はそれ以前の七六年夏に、足の痛みを治療する目的でルーマニアに出かけたことがあった。[63] そのときを回顧し、「ブカレストに行ったが、人びとの生活は非常に貧しかった。今回の事態に関しても、貧困の問題というのが大きいと思う」と語った。

＊

先に引用した鶴見俊輔の古在回想文は、次のように結ばれる。

一五年の戦争のあいだ、古在由重、吉野源三郎両氏のたちつづけた境位は、戦後史の中で重んじられたとは言いがたい。[64]

これだけではやや分かりにくいが、戦後の古在たちの運動に関するひとつの位置づけとみることができる。

最晩年の介護、そして死去

最晩年まで古在の身辺の世話をした今井文孝によれば、晩年には、

両眼の視力は微弱、加えて睡眠も食事もままならぬ足腰の激痛、並みの人間には到底たえられ

ない程の苦痛をおして、八八歳の先生は学習会を死の直前まで続けられたことになる。

先生は学習会を楽しみにしておられる。我々と談笑している時は、先生の痛みも和らぐ、――こう考えて開いていた学習会だったが[65]。

今井は、及川孝ともども、古在が担当した「自由大学サークル」が古在宅で開かれるようになった一九五六年以来のメンバーだという。

病院に勤務していた今井は、古在の身体的状況をよく知っていた。今井によれば、一九七〇年前後から「変形性腰椎症」に悩まされ、亡くなった一ヵ月あまり前の九〇年一月末からは、新たに腰椎の激痛に見舞われたという。それ以前から、鍼灸による治療や「硬膜外ブロック」などの処置を施していたが、一時的に状況が改善されることはあっても、再び痛みが戻るということをくり返し、体力をはなはだしく消耗していた。当時はまだ介護保険制度は存在しなかったけれども、週に二度、中野区のヘルパーが短時間来ているとのことだった。しかし、それでは到底足りない身体状況だった。

一九九〇年三月六日、古在由重は死去した。享年八八。

その死去を、『朝日新聞』は三月六日夕刊で「唯物論哲学者古在由重氏死去」という見出しで報じ、山田宗睦の追悼文を掲載した。『毎日』『読売』『日経』は、三月七日朝刊で報じた。『毎日』の見出しには「唯物論哲学者、平和運動を理論指導」、『読売』の見出しには「反戦の哲学者」、『日経』記事の本文中には「反核、反戦平和運動の理論的な支えになった」とあった。また、『東京新聞』（三月一三日夕刊）には、哲学者・久野収の追悼文「古在由重さんの逝去を惜しむ　マルクス主義哲学の自己否定の道」が掲載された。

追悼集会

古在の没後まもなく、古在追悼集会が企画され、その「呼びかけ」が発表された。追悼集会のことは、「藤田省三さんの思い出」にも書いた。集会の呼びかけ文をできるだけ多くの人たちに広げようという活動をしはじめたとき、「除籍」の事実が公表された。

公表されたところによれば、八四年に、つまり「八四年問題」で、古在は共産党に離党届を出した。この離党届は受理されず、八四年一〇月に「除籍」となった。しかし、古在は、古在ゼミでそのことを話題にすることはなかった。除籍のことが公表されたのは九〇年のこと、古在没後のことであった[66]。除籍公表後には、追悼集会への関与を拒む人も出てきた。

「除籍」の波紋が広がるなかで、「追悼のつどい」は、同年九月一四日夜、東京・九段会館で開かれた。一二〇〇人ほどの人びとが全国各地から参加した[67]ことはすでに書いた。

古在没後、藤田省三から古在のことをしばしば聞いた。藤田によれば、八四年問題で、「古在先生も、ついに堪忍袋の緒が切れたのだ」とのことだった。古在は、ごく親しい人たちとは、八四年問題や除籍のことを語り合ったと聞くが、その経緯を文字にして残すということはしないまま逝った。

おわりに

古在由重の代表作は何か。戦前の著作から一冊となれば、『現代哲学』であろう。では、戦後の代表作は何か。「試練にたつ哲学」(『和魂論ノート』所収)であろうかと思いつつも、私は、やや迷うところがあった。しかし、今回、この文章を書いてみて、戦後の代表作(活動)は特定の著作というより、反戦運動・反核運動への取り組みにあったのだと思うようになった。哲学者であり、平和運動家だった。古在は、吉野源三郎をしのぶ文章で、吉野のことを「名ジャーナリストだっただけでなく「たくましい社会活動家でもあった」[68]と書いている。同様に、古在は、哲学者だっただけでなく、たくましい社会活動家でもあった。一九八四年に至り、「堪忍袋の緒」が切れて、原水禁世界大会準備会で「退場」になったとしても、である。

この点に関連して、私が『勇気ある義人　古在由重コレクション』の「解説」で引用した丸山眞男の古在宛の手紙(一九八六年七月三〇日)——病状を慮った暑中見舞い状——の一節を再録・抄録して結びとしよう。原水禁運動の再分裂に至った年に書かれたこの書簡は、古在評として適切この上ないところを含むと私には思われる。

> 夏になると思い出すのは、古在さんと中野〔好夫〕さんの原水爆〔禁止〕記念行事の統一についてのはかりしれない御努力です。またその季節になりましたが、もう処置なしの感じですね。
> 〔中略〕

古在先生の御健在をたのみとする、見えない無数の人々がいること御信じ下さって御自愛のほど、ひとえに祈り上げます。(69)

付　蔵書整理のことなど

古在先生が亡くなると、古在宅に残された膨大な蔵書や書類などをどうするかという問題が起こった。

その整理を引き受けたのは、ともに「自由大学哲学サークル」の今井文孝さんと及川孝さんだった。両者から聞いたところによれば、先生を尊敬しているというあるひとが、中央線・高円寺駅近くのビルの一階部分を、蔵書整理のために（ほとんど無料で）事務所として提供してくれたという。

そこで、中野区鷺宮にあった古在宅から書籍・雑誌はもとより、パンフレット類、新聞切り抜きから断簡零墨、各種書類、写真に至るまで、その事務所に運び込み、ワープロ機を用いて整理と目録作成作業に取りかかった。今ならば、ＰＣを用いての整理になったのだろうが、九〇年代はじめには事情が違った。

また、その時期には、よほど特色のある蔵書・資料ならともかく、個人の大量の蔵書を引き取ってくれるような図書館はなく、仮にあったとしても、目録作成など、整理をしたうえでなければ引き取ってもらえないという状況になっていた。蔵書整理だけならまだしも、古在宅に残された資料の中には、原水禁運動関係、ベトナム戦争関係からさまざまな組合関係資料、国際関係資料など、古在先生が関わった運動・思想・組織などの資料が大量に残っていたし、原稿やメモ類もあったから、単なる蔵書整理とは事情が大きく異なっていた。

資料は図書資料と非図書資料に分類・整理されたが、図書資料は別として、整理後の非図書資料だけでも、段ボールで七〇箱を超えたという。

この整理の間に、私などはごくたまにこの事務所に、文字通りお邪魔しただけだったが、今井さん、及川さんは、「こんな資料がありました」と言って、珍しい資料を見せてくれた。古在先生にお世話になったというご婦人が手伝いに来ていたり、古在先生の甥にあたる古在由秀（天文学者）さんが蔵書中のロシア語文献などの整理に見えていたりする場面に遭遇したことがあった。

いずれにせよ、およそ七年をかけて整理が完了した図書・資料は、藤沢市の湘南大庭市立図書館に特別コレクション「古在由重文庫」として収められた。受け入れ依頼に際しては、加藤周一さんなどが推薦文を書き、葉山峻藤沢市長の尽力もあったと聞いている。

「古在由重文庫」の整備は、今井さんと及川さんの献身的な働きがあったればこそだが、その献身的な尽力は、長年教えを受けたことによるだけでなく、古在先生の人徳――その笑い声によく示される「向日性」、そして無私の精神――があったからこそというべきであろう。

注

（1）古在由重編『知識人と現代――知識人の記録』青木書店、一九七七年。
（2）『世界』岩波書店、一九七六年二月号、所収。
（3）一九五六年の第二回原水爆禁止世界大会以来の議事録や議事速報など、少なからぬ資料が古在宅に残っていた。
（4）『朝日新聞』一九七五年七月一日。このフォーラムの内容は、飯島宗一・具島兼三郎・吉野源三郎編『核廃絶か破滅か：被爆30年広島国際フォーラムの記録』（時事通信社、一九七六年）からうかがうことができる。
（5）『朝日新聞』一九七五年八月四日夕刊。
（6）『朝日新聞』同。
（7）『朝日新聞』一九七五年五月一七日。
（8）オルドリッジ『先制第一撃――アメリカ核戦略の全貌』山下史訳（ティビーエス・ブリタニカ、一九七九年）「訳者あとがき」
（9）「インタヴュー　国連本部とアメリカ各地を訪ねて――原水協代表団吉田嘉清、佐藤行通両氏にきく」（聞き手・新原昭治。『前衛』日本共産党中央委員会、一九七五年二月号、一四二頁以下）には、この代表団の七四年の行動の模様が立ち入って語られている。
（10）前掲『核廃絶か破滅か』所収の「座談会」で、服部学（立教大学教授・物理学）は渡米時の経験を語っている。
（11）三宅については、三宅泰雄『死の灰と闘う科学者』（岩波新書、一九七二年）、その改訂版ともいうべき『かえれビキニへ　原水爆禁止運動の原点を考える』（水曜社、一九八四年）参照。上代については、島田法子・中嶌邦・杉森長子『上代タノ　女子高等教育・平和運動のパイオニア』（ドメス出版、二〇一〇年）参照。この本によれば、上代たのの戸籍上の名前は「タノ」であったが、本人は「たの」とひらがな表記にすることが多かったという。藤井日達には『わが非暴力：藤井日達自伝』（春秋社、一九七二年）がある。
（12）『朝日新聞』一九七七年二月二二日。
（13）『朝日新聞』一九七七年五月二〇日。
（14）『朝日新聞』一九七七年七月三一日。
（15）緑川亨「思い出すままに」『古在由重　人・行動・思想　二十世紀日本の抵抗者』同時代社、一九九一年、三〇一頁。以下、『古在由重』と略記。これは古在追悼文集である。

(16)「吉野源三郎陸軍軍法会議判決文」が、『続・現代史資料6　軍事警察　憲兵と軍法会議』(みすず書房)に収録されている。

(17) 古在由重「中野好夫さんをしのぶ」『世界』一九八五年四月号、太田哲男編『勇気ある義人　古在由重セレクション』同時代社、二〇一九年(以下、『勇気ある義人』と略記)、二〇六頁。なお、中野利子『父 中野好夫のこと』岩波書店、一九九二年、も参照。

(18) 中林貞男「中野好夫先生宅で」前掲『古在由重』九一頁。

(19) 田中里子「元日の電話」、『古在由重』一〇八～九頁。

(20)『近代日本総合年表』第四版、岩波書店、二〇〇一年。

(21) 加藤周一は、この時期の西ヨーロッパの核兵器反対運動について、「街頭の大衆運動として、戦後最大であることはいうまでもない」と述べていた。加藤「『核の傘』の神話」『朝日新聞』一九八一年一二月二二日。『加藤周一著作集』21、平凡社、一九九七年、所収。

(22) 古在「中野好夫さんをしのぶ」『世界』一九八四年四月号、『勇気ある義人』二〇九頁。

(23) 古在「吉野源三郎君をしのぶ」『世界』一九八一年八月号、『勇気ある義人』一五五～一五六頁。

(24) 鶴見俊輔「吉野さんと古在さん」『古在由重』二三九頁。

(25) 古在「吉野源三郎君をしのぶ」『勇気ある義人』一五五～一五六頁。

(26) 古在「中野好夫さんをしのぶ」『勇気ある義人』二一〇頁。

(27) 古在由重『草の根はどよめく』築地書館、一九八二年五月。

(28) 関屋綾子「平和運動と古在由重先生」『古在由重』一〇二頁。

(29)『朝日新聞』一九八二年一月二一日。

(30) 文学者の動向という点では、一九八四年五月一四日から一八日まで開催された第四七回国際ペン東京大会も注目に値する。この大会については、次のように報道されていた。「中国の巴金、アメリカのK・ボネガット氏ら著名な作家も加わり、メーンテーマ「核状況下における文学――なぜわれわれは書くのか」をめぐって、世界の文筆家が語りあう」(『朝日新聞』一九八四年五月一四日)

（31）『朝日新聞』一九八〇年八月三日。
（32）『読売新聞』一九八二年五月二四日。
（33）『朝日新聞』一九八二年六月八日。
（34）岩垂弘『ジャーナリストの現場』同時代社、二〇一一年、三六四頁以下。
（35）『読売新聞』一九八四年六月二七日。
（36）同。
（37）『朝日新聞』一九八四年七月一一日。
（38）同。
（39）『読売新聞』一九八四年七月一一日。
（40）田中里子「元日の電話」『古在由重』一〇九頁以下。
（41）『朝日新聞』一九八四年七月二〇日。「危機に立つ反核（2）」この記事には、世界大会準備委員会の様子を写した写真が掲載されていて、中ほどに古在の姿がみえる。
（42）古在が共産党に「離党届」を提出したことを受け、共産党側からは上田耕一郎副委員長が古在宅を訪問し、話し合いを求めたという。党側は、この「離党届」を受理せず、八四年一〇月に除籍（「除名」ではない）とし、「通知書」が出された。そのことは、一九九〇年三月の古在の没後、「赤旗」評論特集版（一九九〇年七月九日）で公表された。この「評論特集版」には、「古在由重氏への通知書」が掲載され、「赤旗」評論特集版編集部名による「古在由重氏への通知書の公表にあたって」という文章が添えられている。
（43）『朝日新聞』一九八四年七月二四日。「八四年問題」の一方の当事者の見解については、吉田嘉清『原水協で何がおこったか』日中出版、一九八四年、参照。
（44）関屋綾子「平和運動と古在由重先生」『古在由重』所収。なお、関屋綾子『風の翼　はるかなる地平をめざして』（日本基督教団出版局、一九八五年）には、関屋と平和運動の関わりについても述べられている。
（45）中野利子、前掲『父 中野好夫のこと』七五頁。
（46）『古在由重著作集』第六巻、勁草書房、一九六七年。
（47）坂田は、湯川秀樹の推薦で、一九七〇年にノーベル賞候補としてノミネートされた。https://www.nobelprize.

org/nomination/archive/show.php?id = 20864 （参照 2023-6-19） しかし、同じ七〇年に坂田は死去した。

(48) 古在は、尾崎秀実といつごろからの知り合いかと訊ねられて、第一高等学校（一高）時代からと答えている。「尾崎とぼくはクラスはちがうが同期でした。かれは文科で松本慎一と同じクラスにいて、顔だけはぼくも一年のときからよく知っていました」という。（太田編『暗き時代の抵抗者たち 対談 古在由重・丸山眞男』同時代社、二〇〇一年、一八四頁）古在は、一高では文科ではなく理科の所属だった。古在・尾崎ともに、一九〇一年生まれで、東京帝大の入学年が一九二二年。尾崎は法学部、古在は文学部の学生であった。古在の「その日の前後」（『尾崎秀実著作集』第一巻「月報」、『勇気ある義人』所収）という尾崎回想文では、尾崎とは「一九三〇年代以来の友人だった」（二一九頁）と書かれている。一高時代には顔を知っているだけで親しいわけではなかった、ということであろう。

(49) 政治犯の救援運動という点では、一九七一年に韓国留学中に政治犯として逮捕された徐兄弟の救援運動に、古在は当初から尽力した。徐兄弟事件と古在の関わりについては、徐京植「勇気凛々の人」『古在由重』八五〜八六頁参照。また、古在「世界一のお母さん」（『勇気ある義人』所収）とその解題も参照。

(50) 三木清の死にまつわる古在の回想については、藤田省三「戦後精神史序説」（『世界』一九九八年一月号）に、詳細に述べられている。また、古在「三木清をしのんで」『勇気ある義人』所収、も参照。

(51) 木村英亮「一知識人の足跡——石堂清倫氏業績目録」（横浜国立大学人文紀要、第一類、哲学・社会科学、第三四輯、一九八八年）による。

(52) 石堂清倫「わたしの漱石」『図書』岩波書店、一九九四年三月、所収。

(53) 『朝日新聞』一九八二年一〇月九日夕刊。この記事には、中林貞男と陸井三郎の話が掲載され、陸井は、ノエルベーカー卿は「各国の政府指導者に直接ものがいえる人だった」と偲んだ。

(54) 古在「スポーツと平和」『世界』一九八五年一二月号、『勇気ある義人』二一九頁。

(55) 古在、同、二一八頁。

(56) 前掲『暗き時代の抵抗者たち』九二頁。

(57) 『古在由重著作集』第五巻「思想形成の記録 II」二一九頁。

(58) 『世界』一九八五年七月臨時増刊号「戦後平和論の源流——平和問題談話会を中心に」

(59)この点については、太田哲男『大正デモクラシーの思想水脈』同時代社、一九八七年、九頁以下、参照。
(60)布村育子「日本教職員組合における全面講和論の選択」『教育学研究』(日本教育学会)第八七巻第三号、二〇二〇年、所収。
https://www.jstage.jst.go.jp/article/kyoiku/87/3/87_329/_pdf/-char/ja(参照 2023-6-19)
(61)『読売新聞』号外、一九三四年五月二一日。『東京日日新聞』と『東京朝日新聞』一九三四年五月二一日夕刊。
(62)マックス・ヴェーバー『ヒンドゥー教と仏教』古在由重訳、大月書店、二〇〇九年。古在は、丸山眞男との対談で、日米戦争の時代にヴェーバーの『ヒンズー教と仏教』の翻訳をして、ほとんど訳し終えていると語ると、丸山は、「それは日本の学界を代表して申しますが、ぜひ出版していただきたい」と応じていた。前掲『暗き時代の抵抗者たち』一一八頁。なお、古在による翻訳には、マルクス゠エンゲルスの『ドイツ・イデオロギー』(岩波文庫、一九五六年)があった。
(63)『朝日新聞』(一九七九年四月一〇日)に、古在がルーマニアに「長寿ツアー」に出かけたという記事が出ている。ルーマニア滞在中には「長年の痛みも半分は減った」が、帰国すると、元に戻ってしまったとある。
(64)前掲、鶴見「吉野さんと古在さん」『古在由重』二三九頁。
(65)今井文孝「自由大学・哲学サークルと古在先生」『古在由重』一二一頁。
(66)この点は、(注42)を参照されたい。
(67)追悼のつどい翌日の『朝日新聞』(九月一五日)には、「古在氏悼み一五〇〇人　東京・九段会館」という記事が出て、「緑川亨・岩波書店前社長らの呼びかけで開かれたもので、各界の人々や一般市民ら約一五〇〇人が集まった」と報道された。実行委員会では、参会者は一二〇〇名ほどだとみていた。
(68)古在「生涯の親友――吉野源三郎のこと」『勇気ある義人』一九八頁。
(69)『勇気ある義人』二五九頁。また、この手紙は、『丸山眞男話文集』続4(みすず書房、二〇一五年、三八三頁)に収録されている。

陸井三郎さんのこと——古在ゼミの記録から

古在由重先生宅で開かれていた「古在ゼミ」の「忘年会」には、陸井三郎（一九一八〜二〇〇〇）さんがしばしば出席された。

古在先生はしばしば、「ぼくが頼めば来てくれる人がいる。陸井さん、加藤周一さん、藤田省三さん」と言っておられた（加藤さんは、古在先生追悼集会の「よびかけ人」のひとりだった）[1]。

古在先生を中心とする読書会である「版の会」（東京・四谷にあった「版」という喫茶店で開かれていた）には、加藤さんも藤田さんも出席されたことがある。私自身は「版の会」のメンバーではなかった。藤田さんは、私が出席していた限りでは、一度だけ古在ゼミにみえられた。

古在ゼミでの陸井さん

それに対して陸井さんは、古在ゼミ忘年会の常連（ゲスト講師）といったおもむきだった。

陸井さんは古在ゼミで、その年の政治情勢などについて、彼の見聞に基づく情報などをじつに幅広く開陳していた。

一九七四、五年のころの陸井さんの話題の中心は、ベトナム戦争だった。古在先生は、ベトナム人民支援日本委員会議長団のひとりでもあり、一九六〇年代からベトナム人民支援、あるいはベトナム反戦の運動にかなりの勢力を費やしていた。戦後の古在先生の代表的論文「試練にたつ哲学」[2]もほかならぬベトナム戦争に対する反戦の意義を論じたものだった。この点はすでに書いた。

残念ながら、私は当時の古在ゼミについて記録を部分的にしか残していないが、陸井さんにまつわることで、いくつか印象深いことはある。それを、陸井さんの著作などで確認しながら述べて行きたい（以下、敬称を省く）。

北ベトナム訪問について

古在ゼミでの陸井の話で印象に残っていることのひとつは、陸井自身がベトナム戦争下のハノイに入ったことがあるという話だった。そのときの話で、私が印象深く記憶しているのは、

「北ベトナムの指導部は、世界情勢を非常によく研究しています。アメリカでの経済状況をふまえ、政権の眼がもっぱらそちらに向かっている時期を選んで攻勢をかけるのです」

という意味の話で、具体的な事例としては、テト攻勢の時期のことが例として引かれたと思う。テト攻勢というのは、一九六八年一月三〇日に、「南ベトナム全土で、南ベトナム民族解放戦線・北ベトナム軍、大攻撃を開始」（『近代日本総合年表』岩波書店）とされているものだが、同じ年表から六七年一二月〜翌六八年一月の出来事を抜き出してみると、次のようである。

六七・一二・七　ニューヨーク連邦準備銀行、米国の金準備が一二五億ドルを割り、一九三七年七月以来の最低水準に下落と発表。
一二・一四　国連事務総長ウ・タント、南ベトナム民族解放戦線綱領を全加盟国に配布。
六八・一・一　米大統領ジョンソン、赤字削減・ドル防衛強化に関する特別教書を発表。
一・三〇　テト攻勢
三・三一　米大統領ジョンソン、大統領選不出馬、北爆の一方的停止を発表。和平交渉を呼びかける。四月三日、北ベトナム政府、米代表と会う用意ありと声明。

という次第で、アメリカの政権が「ドル防衛」に忙しい隙をつくかのように、テト攻勢がなされた、というようなことだったと思う。戦前の日本でおなじみだった信長の「桶狭間」や義経の「ひよどり越え」のような、単に奇襲作戦という話ではまったくないわけだ。（なお、テトとはベトナム語で旧正月の意味）

六八年五月、ベトナム和平パリ本会談の実質討議がはじまったとはいっても、戦争終結までは、まだまだ長い道のりだった。しかし、テト攻勢や六八年五月五日の攻勢が、ともかく和平交渉の場をつくりだし、戦争の動向に小さくない意味を持ったとはいえるだろう。

＊

陸井はなぜ戦時下のハノイに入ることができたのだろうか。その点は、陸井『インドシナ戦争』（勁草書房、一九七一年）の「あとがき」に書かれている。

「一九六六年末、ラッセル法廷を準備するための調査団の一員として、激しい爆撃下の北ベトナムを一か月間訪問した(3)」

また、岩垂弘『「核」に立ち向かった人びと』の「戦争体験を背負ったフィクサー――陸井三郎」の章には、次のように書かれている。

六五年二月には米軍機による北ベトナム爆撃（北爆）が始まる。日本でもベトナム反戦の世論が一層高まり、ベトナムにおける戦争犯罪調査日本委員会が結成される。世界的に著名なイギリスの哲学者、バートランド・ラッセルの呼びかけに応えて各国にできた組織だった。陸井はその事務局長に就任。そして、三回にわたって北ベトナムを訪れる(4)。

陸井は、社会科学上の分析には、「現実および歴史的資料を抽象する作業」が不可欠であることは自明だが、「分析対象の根底にある生きた人間を忘れてはならぬことを痛いほど思い知らせてくれたのは、ベトナムの人たちであった」と述べ、さらに、二度目の北ベトナム訪問についても、次のように書いている。

「一九六九年末の二度目の北ベトナム訪問でも、そのときは単身でベトナム人だけにかこまれてハノイ――一七度線の間を旅行した[5]」

一七度線というのは、かつてベトナムを南北に分けていた境界線であるが、ハノイからは五〇〇キロほど南方になる。北ベトナム側も、陸井を有意の人物とみなしたからこそ、戦時下の北ベトナムに受け入れ、ハノイから南北境界線まで案内したのであろう。

古在はベトナム戦争に関する「東京法廷」に関与していたし、陸井はベトナムにおける戦争犯罪調査日本委員会の事務局長であり、北ベトナムとの接点があったから、両者が懇意になったのも当然のこと。それ以前から知り合っていたとのことだが、ベトナム反戦の運動を通じて、親交を深めたに相違ない。

親交の一端を伝えるものが、陸井が編集・翻訳した『ベトナム帰還兵の証言』である。「ベトナム帰還兵」というのは、ベトナムの戦場で戦ってアメリカに戻った兵士たちのことだが、かれらは「戦争に反対するベトナム帰還兵の会」などを組織しはじめ、聴聞会を開き、証言をした。その記録を編集したこの本の巻末に陸井の「解説」があり、その後ろに古在の「跋(ばつ)」がつけられていて、帰還兵の反戦活動の意義を論じている[6]。この「跋」は、陸井が古在に執筆を依頼するという経緯をとったものに相違なく、ふたりの関係の深さを物語るものというべきである。

しかし、陸井は、現代アメリカ政治の研究者であって、ベトナムのことだけを論じていたのではなかった。

国際問題評論家

一九七〇年代の国際政治はしばしば「デタント」ということばで特徴づけられていた。フランス語由来のこのことばは、近年はあまりみかけないが、一般には米ソ・米中間の「緊張緩和」などと説明されていた。一九七一年、ニクソン時代のアメリカ大統領補佐官キッシンジャーの突然の中国訪問や、七三年六月のソ連のブレジネフ書記長の訪米と核戦争防止協定調印などが、その象徴であった。古在ゼミでの陸井の話として私が記憶しているのは、détente ということばをジャーナリズムは「緊張緩和」として無批判に使用しているけれども、détente は disarmament ではないのだということを強調していたことである。デタントというのは、「緊張緩和」ではなく、小国、具体的にはベトナムなどの民族解放勢力に対する力による威嚇を含む大国の国際関係なのだ、というのであった。(そこでは、中ソの外交戦略に対する批判の含意もあると私は受け取った。) そのころ、陸井は、『デタント：反革命世界戦略』[7]という本を出したが、その副題が陸井の認識を端的に語っていた。ベトナム問題専門家というより、現代アメリカ政治を軸に、広い視野で論を展開していた。

トライデント・ミサイル設計技師オルドリッジ

先に「古在先生の思い出」でもふれたオルドリッジは、被爆三〇年広島国際フォーラムのために来日していたが、そのとき当然、日本の運動家たちなどとも交流した。

このオルドリッジの見解を日本に広く知らせたのは、オルドリッジ『核先制攻撃症候群　ミサイル設計技師の告発』（服部学訳、岩波新書、一九七八年）であったろう。この本の「訳者あとがき」には、著者から服部学宛に新著が届き、これが「現在の危険な核戦略の診断書」だと考えた服部は、良い本が出たと思い、さっそく陸井三郎に相談し、翻訳したという経緯が述べられている。[8]

山下史の翻訳したオルドリッジ『先制第一撃――アメリカ核戦略の全貌』[9]も、その翌年に出版された。「先制第一撃」というのは、対立する国家の一方が核兵器の「先制第一撃」を受けた場合、果たして反撃可能なのかという問題が残り、とすると、つねに攻撃可能な体制を作っておかなければならないことになり、これが果てしない核軍拡競争を引き起こす、という説明だった。そして、そういう体制が築かれていることへの危機感が表明されていた。オルドリッジ『先制第一撃』に、陸井は「解説」を書き、著者のことなどにも言及している。

イギリスの運動家たちとの交流

一九七九年五月、陸井はイギリス反核運動のリーダーのひとりペギー・ダフから、彼女が主宰していたＩＣＤＰ（軍縮と平和のための国際連盟）のロンドンでの相談会に参加を要請された。そしてそこではじめてマリー・カルドー（一九四六～　）に会ったと書いている。[10]そういう場を通じて、欧米の運動家たちとの交流を深めていったのであろう（ペギー・ダフについては、一〇三頁でふれた）。

カルドーについては、陸井の古在追悼文「古在先生の〝片言双句〟[11]」に述べられている。陸井が彼女の論文「戦争と資本主義」を読み、「核時代における戦争論を築くための努力として格段にすぐれているると思ったので、その大筋を紹介して古在先生に一読をおすすめしてみた」ところ、古在から「ぜひ読んでみたいといわれたので、読みやすいように大きく拡大したコピーをお届けした」とある。[12]その後、古在から電話があり、「たしかにたいへんすぐれたものですね。すごい抽象能力があるし〔以下略〕」とのことだったという。SIPRI（ストックホルム国際平和研究所）専門研究員の経歴ももつカルドーのこの論文が掲載された書物（*Exterminism and Cold War*, London, 1982）には、じつは陸井自身も寄稿していて、編者はE・P・トンプソン他だったとか、編集にまつわる話も紹介されている。

岩垂弘『「核」に立ち向かった人びと』には、陸井、カルドー、山下史、吉田嘉清、他一人がにこやかな顔で写っている写真（一九八二年五月、広島）が掲載されている。[13]

陸井がトンプソン（トムスン）とも交流があったことは、トンプソン『核攻撃に生き残れるか』[14]（山下史他訳）に陸井の「まえがき」が付けられていることからもうかがえる。

それによれば、当時イギリス政府（中央情報局）は、戦争の危機に対して *Protect and Survive* というブックレットを配布していたが、これに対し、反核運動の側は、プロテクトのｃをｓに変え、*Protest and Survive*（抗議して生き残れ）という形で対抗した。

この翻訳『核攻撃に生き残れるか』の中心には *Protest and Survive* の翻訳があるのだが、そこには、*Protect and Survive* の翻訳も添えられただけでなく、中国の『原子武器防護知識』も資料として訳出されている。これは、陸井の「まえがき」によれば、「中国政府が核兵器被害を著しく軽視」し、「核軍備競争と核戦争準備を急いでいることを端的にしめしているように思われる」というのであり、陸井たちが当時の中国の核兵器にまつわる動向にも注意を向けていたことを示している。

そして、日本語訳の意義について、同訳書「まえがき」の末尾には、次のようにある。

日本における核兵器禁止運動のもっとも熱心な支持者・協力者であり、また本書〔『核攻撃に生き残れるか』〕の三人の訳者たちの共通の友人であり、さらにとりわけ英CND〔核軍縮キャンペーン〕運動の創始者でもありながら、CNDおよびヨーロッパ非核化運動（END）の空前の高揚期を前にして、〔中略〕去る四月一六日に生涯を閉じたペギー・ダフ女史に、まず以て本書は贈られるのがもっともふさわしいと信ずる。ペギーは多分、「これは英国や中国のはなしではない、あなたがたのニッポンのことでもあるのだよ」と言っていることだろう。

このように、陸井は、アメリカや西欧の反核運動の担い手たちと密接に交流をしていて、その情報をさまざまな形で広めようと努力していた。そして、その一端を、古在ゼミの忘年会などで伝えたのだった。

西ヨーロッパの反核運動について

本書の九四頁以下で、一九八一年における西欧の平和運動の様子をリスト化した。その八一年（一二月二七日）の忘年会での話についての私のメモがあるので、その際のゲスト陸井の発言を少し摘記しておこう。

今、ヨーロッパで反核運動が非常に強く出てきている。最近のことをずっと見ると、ヨーロッパ各国の運動の中に出てきている考え方は、ソ連のＳＳ〔中距離ミサイル〕も非常に困るがアメリカの〔巡航ミサイル〕核配備も困る、ということを一応言うんですが、根底にあるのは、ほとんどすべて反米なんです。こういうことは戦後史のなかではじめてのことです。それで、これが左翼化かというと、必ずしもそうではないのです。

また、ヨーロッパといっても、ラテン系とゲルマン系では〔運動の様子が〕まるで違うと思う。ラテン系では、今新聞で騒がれているような〔グラスルーツの〕反核運動は起こっていない。イタリアでもスペインでもフランスでも、運動はあるけれど、これは「上から」やった運動です。だから、何十万人のデモというのは、ラテン系の国でもあるけれど、これはその日だけです。日本の総評の一日デモと同じです。

ゲルマン系の、ノルウェーからベネルクスを経て、イギリス、西ドイツに至る運動というのは、グラスルーツから出てきている。性格がラテン系とまったく違う。ラテン系では、運動はまだ本当には起こっていません。

この発言に対し、ある参会者が、「最近ヨーロッパに二ヶ月ほど行ってきたが、ドイツの本屋では、反核運動の本が、本屋の一番目立つところにドーッとたくさんあって、驚きました。でも、イタリアとかスペインでは、目立たなかった」と述べたところ、陸井は、

「ドイツだけじゃないのです。ロンドンでもありますし、ベルギー、オランダ、デンマーク、スウェーデンなどでも、ペーパーバックなどでかなり出しています」

と応じた。続いて、古在が、「ラテン系とゲルマン系では、どうしてそういう違いが出るのですか」と質問した。この質問に対する陸井の答えはまず、「これは宗教のゆえではないと思います」というものだった。つまり、カトリックの強いラテン系と、プロテスタント系の有力なゲルマン系、ということではない。なぜなら、「ドイツでも、今、カトリックが南ドイツだけでなく、かなり入ってきています。オランダでも、カトリックとプロテスタント系が、一緒に運動をやっています」という話だった。「宗教のゆえではない」として、では何ゆえかという点は、私のメモには見当たらなかったが、いずれにせよ陸井が、ヨーロッパの平和運動家からの情報などにかなり接しているということをうかがわせる話ではあった。

今このメモを見ると、ここに中距離ミサイル配備に反対する西ヨーロッパの運動という話題が出ているが、その運動の広がりが、一九八七年に至って、米ソ（レーガンとゴルバチョフの政権）間における中距離核戦力（ＩＮＦ）全廃条約の締結につながる一因になったのだろうと思われる。

とはいえ、近年に至り、トランプ政権はこの条約の破棄を通告する事態となった。国際政治の変貌

を感じさせられるところである。

『ハリウッドとマッカーシズム』

私が古在ゼミで陸井の話を聞き、大いに興味を感じるようになったころ、陸井はジョイス・コルコ『世界資本主義の危機(上・下)』の翻訳(岩波新書、一九七五年)を出した。

コルコについて古在ゼミで私が聴いて記憶している陸井の話に、一〇年ほどのちの八〇年代半ばの話だが、「今度、マッカーシズムのことを、映画を素材に書こうと思っていて、そのことをコルコ夫妻(ジョイスとガブリエル)に伝えたら、関係資料を大量に送ってきました」というものがあった。

あらためて陸井の『ハリウッドとマッカーシズム』巻末の「あとがき――A Bibliographical Essayもかねて――」[15]をみると、一九八六年にコルコ夫妻が来日時に、マッカーシズムについて仕事をするつもりだと話したところ、アメリカの歴史学者である夫のガブリエル・コルコは、「それはたいへんよいことだし、タイムリーでもある」と励ましてくれたと書かれている。その後、勤務先のあるカナダに帰ったガブリエルは、「かれ自身の収集した文献や資料の中からマッカーシズムに関するものをダンボール箱いっぱいにつめて送ってくれた」。しかし、これは「かれの協力の第一便」にすぎず、次々と資料を送ってくれたばかりか、研究者などに依頼して送ってもらったりしてくれたという。

ガブリエルは「さらに二つのコンピューター検索業者に注文して、一つはマッカーシズムに関してアメリカ内外で出た文献、論文、回想、記録映画、演劇、ヴィデオなどの包括的リストを、もう一つはマッカーシズムに関するニューヨーク・タイムズのすべての記事・論説などの総索引を、送ってくれたのである」という。付随的なことだが、一九八〇年代末ころの日本と比較すれば、北米学界のコンピューター環境の進展を伝えるこの記述には驚かされる。

陸井の『ハリウッドとマッカーシズム』が出版されたのは古在没後の一九九〇年一〇月になるが、私がこの本をすぐ読んだのはもちろんである。じつに面白い本だった。

ジョン・ダワー

話が少しさかのぼるが、岩波書店から『ハーバート・ノーマン全集』が出はじめたのは一九七七年だった。それ以前の七五年に、ジョン・ダワーの編集したノーマン選集（*Selected Writings of E. H. Norman*）が出ていた。

その後、ダワー『吉田茂とその時代』（ティービーエス・ブリタニカ、一九八一年）が、上下二冊・大窪愿二訳で出た。この訳が出た八一年の忘年会のメモが、先にもふれたように、私の手元に残っていた。そのとき陸井は、この本が抜群にいいということから話をはじめた。ダワーは、日本研究の当初は、ライシャワーに習っていたけれど、左傾化した。ダワーが来日して陸井に会ったとき、まずダワーは日本の政治学あるいは歴史学のある学派（シューレ）について、次のような意味の批判をしたという。

その学派は、日本の軍国主義を、「国体」とか、日本固有の概念で分析しているけれども、それではダメなのではないか。アメリカもベトナムで同じことをしたが、「国体」とか、そういうものはアメリカにはない。だから、もう少し普遍的で世界史的な概念で、日本のかつての軍国主義を把握して、そのなかで日本の特殊性を考える、というふうにしなければならないのではないか。そういうことのできない学派は、破産しているのではないか。

ノーマンの日本研究の場合、たとえば、農民の運動の場合について、ヨーロッパの農民戦争とか、そういうものとの比較がきちんと出ている。

ダワーは、そういうことを強調していた。アメリカで日本研究をするなら、ノーマンの日本研究が顧みられるべきだ、という。私のメモによれば、陸井は次のように述べた。

『吉田茂とその時代』の準備に際して来日したダワーは、ウィスコンシン大学教授の肩書きをフルに使って、吉田側近や外務省から資料を「根こそぎ」複写した。日本人でもまだ見ていないような書簡に至るまで。日本の国というのは外国人に弱いですから。それから、吉田のロンドン勤務時代の関連資料収集のためにイギリスに行き、イギリス関係の資料、外交関係の資料を入手。もちろんアメリカに戻って資料収集をした。そのようなことをふまえて、この本を出した。戦前から日本の降伏までの上巻が非常に面白い。

ダワーについては、こういう話だった。

ハーバート・ノーマン

陸井が古在ゼミでダワーについての話をしたとき、ノーマン（一九〇九〜五七）を近しい人のように語っていた記憶が強い印象として残っている。なぜそう語ったか、今回『ハリウッドとマッカーシズム』の、やや詳しい「あとがき」を読み返し、納得した。そこには、「敗戦の年の一九四五年一〇月にこれも偶然、のちに共にマッカーシズムの犠牲者となるラティモアとE・ハーバート・ノーマンに会う機会を得た(16)」と書かれ、それ以降、

私の勤務先だった旧太平洋協会の書庫にノーマンはしばしば雑誌のバックナンバーそのほかの資料を借りにくるようになり、また私の方からも青山のカナダ代表部にノーマンを訪ねるようになった。また神田の古書街で古本あさりのお供をして歩いたこともあった。わけても私は〔ノーマン著〕『兵士と農民』の最初の訳者でもあったので、ノーマンの自殺は、私にとってたいへんな衝撃であるとともに、かれを死に追いやったマッカーシズムへの私のそれまでの関心は、いっそう強いものにならざるを得なかった。(17)

というのであったからである。アメリカの中国学者オーウェン・ラティモアに対しても強い共感をもった陸井は、ラティモアの『アメリカの審判』[18]の訳者でもあった。

陸井の『ハリウッドとマッカーシズム』「あとがき」を読むと、マッカーシズムとの因縁の深さがわかるだけでなく、カナダの外交官として在日連合国最高司令部（GHQ）の仕事で来日していたノーマンとの親密さがうかがえるし、この本を書いた背景も納得できた。

そのような交流があったことからすれば、陸井がベトナム反戦の活動に関わるようになったことも、また、英米系の学者や平和運動家との交流が長きにわたり、かつ信頼関係がゆるぎないものだったことも自然な流れだったと思う。

フィクサー

先に書いたように、岩垂弘は陸井を、「戦争体験を背負ったフィクサー」として特徴づけている。それによれば、原水禁運動の活動家でも、「運動の表舞台に出てフットライトを浴びることを好むタイプ」と、「表舞台に出ることは好まず、むしろ裏方に徹して運動を支えるタイプ」があると書き、陸井は、「どちらかといえば後者」だったという。

一九七六年、日本政界を揺るがす事件が起きた。ロッキード事件であり、田中角栄・元首相が逮捕されるに至った。古在ゼミの忘年会でロッキード事件のことが話題になったとき、陸井は、日本のロッキード事件の報道では、日本のことばかり話題になっていますが、事件は世界的なものですよ。サウジアラビアでも問題になっているし、オランダでは王室の関与が問題化していますと、問題の広がりに言及し、「田中金脈」の特徴まで解説した。

そのロッキード事件の日本における捜査で、児玉誉士夫（一九一一〜八四）の存在がクローズアップされた。児玉の過去がさまざまに報道されたが、児玉の役割として「フィクサー」ということばが、当時、流行語のようになった。

そのときだったと思うが、古在が「陸井さんは、原水禁運動のフィクサーだ」と、哄笑しながら言ったという記憶がある。だが、私のここの記憶は曖昧で、逆に、陸井が古在のことを「フィクサー」と言ったのかも知れない。しかし、「フィクサー、フィクサー」と言って大笑いしていたことは鮮明に記憶にある。いずれにせよ、古在も陸井も原水禁運動の「フィクサー」だったとはいえるであろう。

ただし、陸井についていえば、一九五〇年代からアメリカの政治や社会、ベトナム戦争関連、国際政治、核問題などに関連する著作や翻訳を数多く出版していたし、雑誌論文の数も多かったから、ジャーナリズムの世界でも知る人ぞ知る存在だったであろう。だから、「フィクサー」だとはいっても、運動団体のトップとして前面に立つことはなかったという意味である。

藤田省三は、陸井のことを「百戦錬磨の人」とか「古在先生の右腕」とか評していたが、まさしくその通りであっただろう。「百戦錬磨のフィクサー」というべきか[19]。

私は「古在先生の思い出」で、古在が「五氏アピール」作成に携わりながらも、「五氏」には名を連ねなかったと書いた。それは「フィクサー」という役回りともいえよう。また、五氏アピールの相談を主に行なったのは、吉野源三郎、中野好夫、古在だったとも書いた。しかし、この三人の相談の前提となる情報の収集や情勢の分析という意味では、それぞれにさまざまなネットワークを持っていたであろうし、少なくとも古在の場合、陸井と緊密に連絡をとっていたに違いないと思う。「右腕」あるいは「参謀」というところだろう。

藤田のこの評定は的確ではあろうが、別の見方もできるかもしれない。たとえば、外国の平和運動との連携となれば、陸井が余人を以て代えがたい存在だったことは、これまでに述べたところからもうかがえる。海外の平和運動との連携が、七七年以降に数年間とはいえ、統一世界大会開催につながり、反核運動の高揚につながるひとつの条件になったことを考え合わせれば、陸井は「右腕」にとどまるような存在ではなかったというべきである。

忘れまいぞ「核」問題討論会

先に「古在先生の思い出」でも「忘れまいぞ『核』問題討論会」にふれた(九七頁以下)が、ここではその別の面を述べておこう。この討論会の最初のころの動向を伝えるのが、陸井三郎・服部学編『核で核は防げるか[20]』である。

この本の「まえがき」で、中林貞男(日本生活協同組合連合会会長)が、古在も言及していた「勉強会」について説明している。それによれば、生協運動のリーダーだった中林が、全国各地で「生協の奥さん方」と懇談していると、「党派やイデオロギーを超えて」平和のことに関心をもっていることがわかるし、質問も出る。そういう質問により的確に応じるためにも勉強したいというのであった。そこで中林は、大友よふ（地婦連会長）、中野好夫（評論家・英文学者）、小野周（群馬大学長・物理学者）、関屋綾子（YWCA元会長）（肩書きはいずれも当時）の各氏とともに、「忘れまいぞ『核』問題討論集会」の呼びかけ人になった、というのであった。呼びかけ人の顔ぶれからしても、政党・組織にとらわれない勉強会であった。

陸井・服部編『核で核は防げるか』には、この集会の第一回（八一年六月一三日）から第一三回（八二年七月一五日）までの「討論集会の主題および問題提起者のリスト」が出ている。そして、第七回までの討論集会の記録を中心にこの本が編まれたと記されている。

この集会の主題と問題提起者のリストを写しておこう。

第一回（八一年六月一三日）「みんなで考えよう核兵器持ち込み」服部学・福島新吾他
第二回（七月一六日）「核戦争の危機を考える」関寛治・小野周
第三回（九月二四日）「中性子爆弾――その危険を考える」安斎育郎・陸井三郎
第四回（一〇月二九日）「『核のカサ』と核戦争危機を考える」中野好夫・小出昭一郎・古在由重・陸井三郎
第五回（一一月二五日）「被爆問題と世界の非核化運動」肥田舜太郎・伊藤成彦
第六回（一二月二二日）「何が問題か、われわれは何ができるか」参加者による討論

第七回（八二年一月二〇日）「国際関係と軍備・軍縮の問題について」鴨武彦
第八回（二月一九日）「現代における人間と核兵器について」加藤周一
第九回（五日間連続・三月一五日）「核戦争になったら医者・科学者は何ができるか」草野信男・服部学・安斎育郎
（三月一六日）「核兵器と世論」古在由重
（三月一七日）「核兵器と現代社会――突出する『防衛』」安原和雄・陸井三郎
（三月一八日）「現代の草の根」関屋綾子・清水知久
（三月一九日）「何が問題か、何ができるか」参加者による討論
第一〇回（四月二三日）「国連と核兵器禁止――日本政府の態度について」宮崎繁樹
第一一回（五月一八日）「被爆のヒロシマを世界に初めて打電したジャーナリストの思い出」ウィルフレット・バーチェット
第一二回（六月二九日）「第二回国連軍縮特別総会と世界の反核運動」特別総会および国際的行事の参加者の報告
第一三回（七月一五日）「八二年世界文学者平和大会について」伊藤成彦・中野孝次

この勉強会（討論会）の第一回は、「みんなで考えよう核兵器持ち込み」となっている。ほぼ一カ月前の五月一七日、アメリカのライシャワー元駐日大使が、核積載の米艦船・航空機の日本領海・領

空の通過・寄港は、〈核持込み〉に当たらないとの日米口頭了解が、一九六〇年の安保改定当時に存在したと発言し、これが「核積載米艦船の日本寄港　二一年前から了解済み」という見出しで、『朝日新聞』一ページトップに大きく報じられた。[21] この報道を思い合わせれば、タイムリーな企画と言えた。

このことが示すように、この会は、核をめぐる同時代の状況と切り結んだ勉強会であり、また、そのときの問題提起者についても、服部が物理学者、福島新吾が日本平和学会会長もつとめた政治学者という具合に、適役者が選ばれていた。

この討論会は、一九八四年まで継続していた。第二九回（八四年一月二五日）の案内ハガキに、古在が「一九八四年、日本と世界をどうみるか」という「提起」をすると書かれている。

*

この討論会の初期の動向をまとめた著作『核で核は防げるか』の編者が陸井と服部学だったというのは、両者がこの会の実質的な世話人だったことを物語っている。開会前などに、会場前方から場内の様子を眺めていた陸井の姿が、今も私には思い浮かぶ。

この討論会が一定期間継続したのは、陸井・服部コンビの力が大きかったことはもちろんだろう。だが、党派によらず多彩な人びとが「問題提起者」として登場することになったのは、政党から独立した市民レベルの運動こそが肝心だという考えが、ある程度共有されていたからだろう。

この討論会には、私もできるだけ出席したし、大いに勉強になり、雰囲気もいいと思い、勤務先の学校の卒業生を誘って参加したこともあった。

こういう勉強会が、都内の一角で催されていた。当時は、反核運動の高揚していた時期でもあった。

注

（1）「古在由重先生追悼集会のよびかけ」は、前掲『藤田省三著作集8』に収録。
（2）古在由重「試練にたつ哲学」『岩波講座・哲学』第一巻（岩波書店、一九六七年）所収、のち、古在『和魂論ノート』（岩波書店、一九八四年六月）に収録。今思えば、この本の刊行は、「一九八四年問題」が現出する直前である。
（3）陸井三郎『インドシナ戦争』「あとがき」勁草書房、一九七一年、三八〇頁。
（4）岩垂弘『「核」に立ち向かった人びと』日本図書センター、二〇〇五年、一四九頁。
（5）陸井『インドシナ戦争』「あとがき」三八一頁。
（6）『ベトナム帰還兵の証言』陸井三郎編訳、岩波新書、一九七三年。
（7）『陸井三郎評論集　デタント――反革命世界戦略』すずさわ書店、一九七六年。この本の「あとがき」には、陸井がベトナム戦争下の北ベトナムを、一九六六年・六九年・七二年と三度訪問したと書かれている。
（8）オルドリッジ『核先制攻撃症候群　ミサイル設計技師の告発』（服部学訳、岩波新書、一九七八年）「訳者あとがき」。服部は、被爆三〇年広島国際フォーラムの模様を国連に伝えるための代表団に加わって渡米し、アメリカの平和団体と交流したが、その際にオルドリッジとの接点が生まれたのであろう。
（9）オルドリッジ『先制第一撃――アメリカ核戦略の全貌』ティービーエス・ブリタニカ、一九七九年。
（10）マリー・カルドー『戦争論と現代：核爆弾の政治経済学』陸井三郎訳、社会思想社、一九八六年、「訳者あとがき」一三三頁以下。カルドーの三論文から成るこの本の第一論文が、「戦争と資本主義」である。なお、陸井によれば、ハンガリー系の出自をもつカルドーは、イギリス式にメアリーと呼ばれるのを好まなかったという。

（11）陸井「古在先生の〝片言双句〟」『古在由重』同時代社、一九九一年、二二二頁。

（12）古在の読んだ「戦争と資本主義」は、（注10）に出てくる論文である。

（13）岩垂、前掲『「核」に立ち向かった人びと』一四九頁。

（14）トンプソン『核攻撃に生き残れるか』（連合出版、一九八一年。山下史訳）「まえがき（陸井三郎）」六頁。トンプソン（Thompson）は、「トムスン」と表記されることの多いイギリスの歴史家であり、また、平和運動家、ヨーロッパ非核運動（European Nuclear Disarmament、END）の理論家でもあった。陸井三郎は、トムスンと接点があった。このENDに関わったひとりがマリー・カルドーであった。

（15）陸井『ハリウッドとマッカーシズム』筑摩書房、一九九〇年、三一五頁以下。

（16）同、三一一頁。

（17）同、三一四頁。なお、この引用に『兵士と農民』とあるのは、E・H・ノーマン『日本における兵士と農民：日本徴兵制度の諸起源』（陸井三郎訳、白日書院、一九四七年）のことである。また、陸井には〝A dog on the hay.〟というノーマン回想文もある。加藤周一編『ハーバート・ノーマン　人と業績』（岩波書店、二〇〇二年）所収。

（18）オーエン・ラティモア『アメリカの審判』陸井三郎訳、みすず書房、一九五一年。原著は、Owen Lattimore, *Ordeal by Slander*, 1950

（19）藤田は、C・フェン『ホー・チ・ミン伝』（上・下、陸井訳、岩波新書、一九七四年）に言及し、その「解説」には、藤田に「不満を感じさせるような精神」があると書いていた。ただし、その「不満」についての具体的指摘はなされていない。前掲『藤田省三著作集8』二五〇頁。

（20）陸井三郎・服部学編『核で核は防げるか』三省堂、一九八二年。

（21）『朝日新聞』一九八一年五月一八日夕刊。

III 高杉一郎

以下に収録する二篇のうち、「高杉一郎とエスペラント」は二〇二二年秋の日本エスペラント大会での講演に基づくものであり、「女神の森――フィリパ・ピアスから高杉一郎への手紙」は雑誌『図書』掲載のエッセイである。

この二篇は、本書に収めた「藤田省三さんの思い出」や「古在先生の思い出」のような「回想」部分をほとんど含んでいないが、著者（太田）としては、これらを書きながら、高杉さんの面影を思いうかべたり、対話するような気持ちになったりしていたことも一面の事実であった。この「回想録」に加えたことを諒とされたい。

高杉一郎とエスペラント

はじめに

本日は、このエスペラント大会にお招きいただき、ありがとうございます。

私は「高杉一郎とエスペラント」という演題でお話しさせていただきますが、最初に高杉先生と私の関わりを少しお話ししておきます。

もう二二年も前のことですが、ちょうど二〇〇〇年に、私は石原吉郎についての本を編集して出版しました。[1] 高杉先生も石原吉郎もシベリアに抑留された人です。この本を、お名前だけ知っていた高杉先生に献本しました。お返事をいただいたので、先生のお宅にうかがってもよいですか、と厚かましくも申し上げました。お許しをいただき、東京の原宿にありました先生のお宅にお邪魔しました。これが高杉先生との初対面です。高杉先生は、二〇〇八年一月に九九歳で亡くなりましたが、その直前まで、七年ほどの間、ほぼ月に一度くらいの割合でお宅を訪問し、いろいろお話をうかがっていたのです。

私は今、高杉先生にお宅にうかがってもよいですかと申し上げたと言いましたが、なぜそんな不躾なことをしたかと言いますと、高杉先生の書かれた著作をあれこれ読むうちに、この人は社交的で、話好きの人に違いないし、自宅に客が来ることに抵抗感がない人だと感じていたからです。実際、そういうかたでした。

しかし、今になって考えますと、お宅によく通った割には、エスペラントのことについては、さほどうかがった記憶は残っていません。じつに残念なことですが、今となっては致し方ありません(2)。

しかし、エスペラントを念頭に置いて高杉先生のお仕事を顧みますと、エスペラントに直接には関わりのないことのようにみえても、エスペラントと関連していると感じるところがありますので、本日はそのようなことにふれながら、お話しさせていただきます。

最初にお断りしておいた方がいいのは、高杉一郎という名前は、戦後に使われたペンネームで、戦前にはこのペンネームは使用していないということです。しかし、本日は、便宜的に高杉一郎としてお話しさせていただきます。また、高杉先生の呼び方についても、ここでは、高杉さんと言ったり、敬称抜きに高杉と言ったりするかと思いますが、ご了解ください。

高杉の仕事

高杉一郎という人物とエスペラントとの関係といえば、すぐに連想されるのはエロシェンコです。しかし、年配のかたはともかくとしまして、若いかたがたは、高杉一郎という名前、エロシェンコという名前になじみが薄いかもしれません。

そこで、高杉一郎について最初に概略的なことを申し上げます。有名な著作は『極光のかげに』というシベリア俘虜記で、四年近いシベリア抑留経験を描いた作品です。今から三〇年ほど前の一九九一年に岩波文庫に入りました。この『極光のかげに』は、芥川賞候補作になりました(3)。

それから、フィリパ・ピアスの『トムは真夜中の庭で』という作品の翻訳があります。これは児童文学の分野ですが、ロングセラーになっていて、今でもよく売れています。

大江健三郎さんは、高杉の文章を非常に高く評価しています。この『トムは真夜中の庭で』に対しては、「実に優れた訳です」と言っていますし、『極光のかげに』などに対しては、「戦後文学の最高位にある」とまで言っていて、最大級の賛辞を与えています。

高杉はかなりの数の作品を翻訳していますが、エスペラント作品の翻訳では、長谷川テルの『嵐の中のささやき』の翻訳があります。そして何よりも『エロシェンコ全集』です。これは、一九五九年に出版され、その後、一九七四年に『ワシリイ・エロシェンコ作品集』二冊がみすず書房から刊行されました。この『作品集』も、今から五〇年近く前の出版で、当初はそれなりに売れたと思いますが、今は新刊本で入手可能なエロシェンコの作品はほぼなくなっていると思います。

高杉先生は私に、「翻訳はいいよ。ずっと印税が入るからね」とおっしゃいました。確かに、『トムは真夜中の庭で』の収入は相当なものだと思いますけれども、エロシェンコ作品の印税は、もはや出なくなっていると想像します。

エロシェンコ

印税のことはともかくとしまして、エロシェンコについての話に行きます。エロシェンコは一八九〇年にロシアで生まれた詩人です。四歳のときに視力を失いました。九歳から一七歳まで、モスクワ第一盲学校で学びます。あるとき、アンナ・シャラーポヴァという女性から、「あなたには音楽の才能があるようだから、もっとちゃんとした音楽教育を受けるといい」「それには、イギリスに行くといい」と勧められます。「外国語ができない自分がイギリスまで旅行できるわけがない」と答えると、アンナは、エスペラントを学ぶとよい、と説明してくれたそうです。そこで、エスペラントを学び、一ヶ月後には会話ができるようになった。そして、イギリスに行くことになります。

ロンドンで、エロシェンコは、亡命していたクロポトキンの住まいを訪問しています。なぜここでクロポトキンのことを申し上げるかと言いますと、高杉がクロポトキンの自伝『ある革命家の手記』を翻訳しているからです。[補注1]

高杉は、エロシェンコの作品を翻訳・編集しただけでなく、エロシェンコの伝記を書きました。伝記を書くためには、エロシェンコについて詳しく知らなければならず、そのためにはクロポトキンについても知らなければならないという関係がありました。

また、クロポトキンの自伝は、既に大杉栄が翻訳していました。[4] 大杉はエスペランティストでしたし、日本におけるエスペラントの歴史を考える上では、見逃せない人物のひとりです。それに、大杉はエロシェンコに会っています。[5] 高杉は、大杉が翻訳したクロポトキンの自伝を翻訳しています。そういうつながりがありました。

大杉栄の手紙[6]をみますと、日露戦争のすぐあと、一九〇六年に、大杉は牢獄の中でエスペラントを学んでいたことがわかります。そして、出獄後、大杉は東京の本郷壱岐坂（いきざか）あたりにエスペラントの教室を開いたといいます。日本エスペラント協会ができた年です。この教室で学んだのは日本人ばかりではなく、中国人留学生もいたのだそうで、これが中国でエスペラント運動が盛んになる一つのきっかけになりました。

エロシェンコはロンドンで、「日本では、盲人が仕事をして生計を立てている」と聞かされます。いわゆる按摩です。それを聞いたエロシェンコは、日本語を勉強して、シベリア鉄道を通って一九一四年に日本にやってきます。ちょうど第一次世界大戦が始まる少し前のことでした。

日本人エスペランティストの世話で、エロシェンコは、東京の雑司ヶ谷（ぞうしがや）にある盲学校の特別研究生となることができた。

翌年一九一五年の春、エロシェンコは、盲学校の近くの森を散歩しているとき、ある人から話しかけられた。それが秋田雨雀（一八八三～一九六二）だった。これ以後、エロシェンコと秋田雨雀は非常に親密な関係になります。秋田雨雀の自伝（『雨雀自伝』[補注2]）によれば、雨雀はエロシェンコが盲人でありながら世界のエスペラント運動のために熱心に働いていることを知り、エスペラントを勉強しようと思い立ちます。また、『秋田雨雀日記』一九一五年二月二二日条に「エスペラントを始めた」と書かれています。その一〇日ほど後の三月三日の記事に、「エスペラントと平和運動。平和運動をすすめろ！」と書かれています。雨雀にとっては、エスペラントと平和運動は、不可分のものだと思われていたのでしょう。そこで、雨雀はエスペラント運動にも加わります。

この両者の交流によって、盲学校へ通うことを中心とするエロシェンコの生活が、日本の文学者や社会主義者と交流したり、演劇を見たり、映画に接したりするようになる、ということで、世界が広がりました。

エロシェンコの創作活動

エロシェンコはその後、日本からタイ、ビルマ、そしてインドへと出かけていきます。盲学校を作ろうという思いがあったようです。けれど、インドに行ったのが、偶然ですがちょうど一九一七年一一月で、ロシア革命直後です。当時インドを支配していたイギリス官憲は、エロシェンコがロシア人だというので、要注意人物とみなし、やがてインドから追放してしまいます。そこでエロシェンコは日本に戻ってきますが、当時は日英同盟がありますから、要注意人物だというレッテルを貼られて日本に戻ってくるわけです。

インドを追放されたエロシェンコが日本に戻った一九一九年七月の少し前には、朝鮮の三・一独立運動があり、中国での五・四運動がありました。そういう時期に、東京在住の社会主義者と朝鮮・中国の民族主義者との親睦団体であるコスモ倶楽部という団体が組織されました。[7]コスモというのは、コスモポリタンの略称です。その主唱者の一人が堺利彦ですが、堺があまり表面に出るのはよろしくないということで、吉野作造がこの倶楽部の世話人のようなことをしていました。そういうコスモ倶楽部に、エロシェンコも加わったのです。

コスモ倶楽部とは別に、社会主義者の集まりとして、日本社会主義同盟が一九二〇年一二月に結成されます。これは、マルクス主義者やアナーキスト、文化人、ジャーナリストの集まりでしたが、エロシェンコもこの集まりに参加し、それがきっかけとなって、内務大臣の指示によって日本から追放される羽目になりました(8)。

当時、エロシェンコは、新宿・中村屋の相馬黒光の世話を受けていて、その家に暮らしていました。鶴田吾郎や中村彝(つね)がエロシェンコの肖像画を描いたのは、この中村屋の縁です。しかし、エロシェンコは、中村屋の住まいから当局に連行されていきます〔補注3〕。

最初に日本に来たときの滞在期間が二年余り、それからインド追放となって日本に戻ってから一九二一年五月に内務大臣の指示で日本を追放されるまで二年弱。合わせて四年ほどの日本滞在でした。日本に滞在している間に、エロシェンコは、童話などを書くようになり、創作集である『夜明け前の歌』と『最後の溜息』が、ともに秋田雨雀編として、一九二一年に刊行されました(9)。しかし、刊行されたのは、エロシェンコが日本を追放されたあとのことでした。

このとき高杉一郎は一三歳になろうという頃です。高杉は伊豆修善寺近くに住んでいましたから、同時代的な出来事としては、エロシェンコのことは何も知らなかったと思います。

日本を追放されたエロシェンコはソ連に帰国しようとしましたが、当時はロシア革命直後の混乱のためか、帰国できません。そこで、エスペランティストのネットワークを頼って上海に行き、中国のエスペランティストの援助[10]を受け、一九二二年に北京にたどり着きます。

魯迅

エロシェンコが日本を追放されたというニュースに、北京で注目した人がいました。魯迅です。魯迅は、こう書いています。「一九二一年五月二八日、日本が一人のロシア人盲者(もうしゃ)を追放して以来、現地の新聞には多くの論評が現れ、私もそれではじめてこの漂泊する失明の詩人ワシリイ・エロシェンコに注意を向けるようになった」というのです。

魯迅はエロシェンコの作品[11]について、こう言っています。

これらの作品は、エロシェンコが異郷に身を寄せている間に、「日本人に読んでもらおうとして書いた童話風の作品である。全体を通観するに、彼は政治、経済には関心を持たず、危険思想などといった感じもない。彼は一つの、幼いが美しく純粋な心を持っているにすぎない」というのです。

魯迅はエロシェンコのある作品を日本語から中国語訳していますが、魯迅の「訳者附記」では、この作品が「目に止まり、そこで、彼の心を中国人に見せるべく紹介せずにはおられなくなった」と書いていて、魯迅がエロシェンコ作品を評価していた、ということがわかります。

魯迅はまた、ノーベル文学賞をもらったインドのタゴールの作品よりもロシアの盲人エロシェンコを自分は愛するとまで書いています。

まもなくエロシェンコは上海から北京にやってきます。そして、魯迅と周作人兄弟の住む家に一緒に住むようになります。魯迅はエスペラント支持者、周作人はエスペランティストです。ちょうどこの時期、北京大学では、学長の蔡元培のリーダーシップのもと、エスペラントを必修科目にするという方針が出されていました。そういう状況があり、エロシェンコは北京大学でエスペラントを教えるようになりました。また、魯迅は、エロシェンコの作品をいくつか翻訳し、その童話集に序文を書いたりしています(12)。

しかし、エロシェンコは、一九二三年四月には北京を離れ、モスクワに向かいます。なぜ北京大学を辞したのかは、ここでは説明を省きますが、いずれにせよ再び中国に戻ることはありませんでした。エロシェンコと魯迅の交わりは、短いものでしたが、じつに濃密なものでした。

秋田雨雀

先ほど、エロシェンコを日本の文化人や社会主義者との交流につなげたのは秋田雨雀だったと申しましたが、その雨雀は、ロシア革命一〇周年にあたる一九二七年に、モスクワに招待されました。

このロシア革命一〇周年には、世界各国から作家や思想家がモスクワに招かれました。フランスからはアンリ・バルビュスなど。日本からは秋田雨雀、小山内薫、米川正夫（陸軍大学教授）など四名です。アメリカの哲学者ジョン・デューイも招かれました(13)。

秋田雨雀は、現在ではそれほど有名ではないかもしれませんが、当時は有名な劇作家でした。『秋田雨雀日記』を見ますと、一九二七年一〇月にシベリア経由でモスクワに向かっています。モスクワに到着してまもなくエロシェンコとの再会を果たしていて、わりあい頻繁に往き来して、ロシア語の指導を受けたりしています。また、雨雀はソ連のエスペランティストたちとの交流もしています。

そういう経験をして日本に帰国した雨雀は、蔵原惟人や村山知義と語らって、国際文化研究所を設立しました。そしてこの国際文化研究所が、一九二九年夏に夏期大学というものを開催しました。実態は外国語講習会です。教材として「新興科学と新興芸術の代表作を使う」というふれこみだったと言いますが、「新興科学」というのは要するにマルクス主義ということです。およそ四〇〇人近い受講生が集まったとのことです。

高杉のエスペラントとの出会い

この夏期大学が開かれたとき、高杉は、東京高等師範学校、当時は東京高師と言いましたが、その学生でした。そして、この夏期大学があると知って、そのフランス語上級クラスに申し込みをしました。そのクラスの講師の一人に佐々木孝丸がいたのです。佐々木孝丸は、革命歌の「インターナショナル」の作詞者としても知られていますが、私などは、子どもの頃に見た映画で、脇役のキャストとして佐々木孝丸の名前を見た記憶があります。

ついでに申しますと、東京高師の教授に丘浅次郎(一八六八〜一九四四)がいました。丘は日本で最初のエスペランティストでした。ただ、丘は動物学の教授でしたし、高杉さんが参加した国際文化研究所の夏期大学が開催された一九二九年には東京高師を定年退職していますので、高杉さんとの接点はごく限定的だったようです。

この国際文化研究所の夏期大学には、エスペラントのクラスもあって、佐々木孝丸は、エスペランティストでもあったので、エスペラントのクラスの教師と校庭でよく話をしていたそうです。エスペラントの講師には、大島義夫（一九〇五～九二）とか、中垣虎児郎などがいて、校庭でオーラルメソッドによる会話をしたり、歌を歌ったりと、なにか楽しそうだったといいます。佐々木孝丸は、フランス語クラスの受講生だった高杉さんに、「どうだ、きみもエスペラントをやらないか。東京堂へいけば、エスペラント関係の本を集めたコーナーがあるよ」と誘ったと言います。そこで高杉さんはさっそく東京堂に行き、秋田雨雀・小坂狷二（おさかけんじ）共著の『模範エスペラント独習』という本と、エドモン・プリヴァの『ザメンホフの生涯』[14]という本を買った。

この『模範エスペラント独習』の著者の小坂狷二は、ご存知の通り、日本エスペラント運動の父とも言われる人物です。高杉さんはさっそくこの『模範エスペラント独習』を三、四回読んだ。すると、佐々木孝丸は、高杉さんをエスペラントの講師たちに紹介してくれた。そして、エスペラントの歌を教えられ、比嘉春潮（一八八三～一九七七）の家での集まりにも連れて行かれたと言います。この集まりは、柏木ロンドと言われていて、新宿の柏木にあった比嘉春潮の家でのエスペラント研究会です。そしてそのメンバーに、比嘉の他に、中垣虎児郎・大島義夫・伊東三郎などがいました。つまり、国際文化研究所の夏期大学でエスペラントの講師になっていたのは、みなこの柏木ロンドのメンバーだった。のちに、日本のプロレタリア・エスペラント文化運動の源流になった集まり、というわけです。高杉はとくに伊東三郎の熱弁に大いに惹かれるところがあったといいます[15]。

エスペラントは、大杉栄のような人も学びましたが、左翼の人びとだけが学んだわけではもちろんなくて、北一輝とか、柳田國男なども学んでいます。柳田は、一九二一年に国際連盟の委任統治委員になりますが、国際連盟における公用語が英語とフランス語だけであることに疑問を感じ、国際語・エスペラントの重要性に思い至り、自らエスペラントを学びます。国際連盟事務次長だった新渡戸稲造もエスペラントを重視していました。

新渡戸や柳田が社会主義の立場には立っていないことは言うまでもありません。

留学生との交流

高杉がエスペラントの勉強を始めたのは一九二九年だったと言いましたが、日本におけるエスペラントの歴史から見ると、そのころはちょっと独特の時代かもしれません。

第一に、当時はエスペラント運動が非常に盛んな時代だった。

比嘉春潮は、一九二三年に東京にやってきたとき、エスペラント運動の花盛りだったと言っています[16]が、おそらくその状況は高杉がエスペラントに接した一九二九年でも、あまり変わらなかったのだろうと思います。

第二に、中国人留学生との関係があります。中国の師範学校や北京大学でエスペラントの学習を必修にするという時代でしたから、日本に留学して来ていた中国人学生の中にエスペランティストがいたのは当然でしょう。

高杉がエスペラントを学び始めたのは、東京高師の学生時代です。この東京高師には、少なからず中国人の留学生がいました。そしてその中にはエスペランティストもいたのです。その学生のひとりが、王執中という人物でした。お互いにエスペラントを学んでいるということがわかり、高杉と王執中は急速に親しくなりました。王執中は同時代の日本文学に関心があり、これは重要だと思われる作品を翻訳して上海の開明書店に送っていたと言います。

高杉はそれまでは、中国人留学生にはまったく関心をもたなかったとのことですが[17]、エスペラントを媒介にして、中国人留学生のエスペランティストに接してからは、中国人留学生に対する姿勢が大きく変化したと言います。

王執中がエスペラントを学んだのは、一時期北京にいたエロシェンコの教えを受けていた人だったそうで、だから、自分はエロシェンコの孫弟子だと高杉に言ったということです。

また、王執中は魯迅を非常に尊敬していて、高杉に魯迅について熱心に話をした。当時の日本では、魯迅はまだあまり知られていなかったのですが、王執中は高杉に、『阿Q正伝(せいでん)』のエスペラント訳を貸してくれたといいます。そして、魯迅が日本に留学していていた時代に過ごした仙台の町を見たいというので、一緒に仙台に出かけたこともあったという具合で、二人は非常に親密な付き合いをしていたということです。

しかし、まもなく王執中は、上海の開明書店で働くために中国に帰って行った。(18)

外国人との文通

高杉がエスペラントの勉強を始めた頃、*Sennaciulo*（センナツィウーロ、無民族者）というエスペラント運動の機関誌があって、そこには国際文通を希望するエスペランティストの名前と住所がズラッと並んでいたそうです。(19) そこに掲載されていた外国人に高杉は手紙を出し、ライプツィヒに住む人、モスクワに住む人とエスペラントによる文通をしたとのことです。

しかし、この文通はさほど長続きしませんでした。なぜなら、ヒトラー政権の成立が一九三三年ですが、それに伴い、エスペラント運動が弾圧されるようになるからです。ヒトラーは、彼の『我が闘争』において、エスペラントをユダヤ人の言語だと批判していました。

先ほど、秋田雨雀がロシア革命一〇周年を記念してモスクワに招かれたと言いましたが、その時期は、まだスターリンの独裁までには至っていない時期でした。しかし、やがて、ソ連でもエスペラントは弾圧されるようになる。高杉は、『スターリン体験』という彼の著作で、スターリンが、エスペラントを容認する立場をとっていたのに、逆にそれを否定する立場に方向転換していたことを跡付けていますが、そのことを認識したのはシベリアから帰還した後のことで、一九三〇年代の日本では、まだエスペランティスト弾圧のことはよくわかってはいなかった。

改造社時代

高杉がエスペラントに接したのは、今お話ししたように一九二九年夏でした。この頃高杉は、ジョン・デューイの教育学に惹かれて、東京高等師範学校を卒業したあと、前年に誕生したばかりの東京文理科大学の教育学科に入学します。しかし、教育学関係の書物の読書会（当時の言い方ではＲＳ）をしていたという理由で文理科大を放校になってしまう。

その後、少し時間を置いて、一九三三年に改造社に入社することになります。

改造社では、当初は露和辞典、ロシア語の辞典編纂の担当となりました。といっても、それは、露英辞典の翻訳をするようなものであったそうです。日本の敗戦後に、高杉はシベリアに抑留され、そこで耳で聞いたロシア語を覚えていくことになりますが、露和辞典の担当をしていましたから、ロシア文字にはいささかの慣れ、心得があったわけです。

改造社には、先ほど柏木ロンドということでふれた比嘉春潮が働いていました。もっとも、比嘉は高杉と同じ部署にいたわけではありませんでした。また、同じくエスペランティストの中垣虎児郎が、その比嘉春潮のところを訪ねてくることもあったと言います[20]。

改造社に入社して三年ほどのちに、高杉は改造社の雑誌『文藝』の編集主任となります。彼は『文藝』の編集方針として、日本の文壇の作品を掲載するだけでなく、外国文学に関連する作品や論考を掲載しようと考えていました。外国文学と言いましても、掲載された作品の数は多くはありませんし、概してヨーロッパ系のものが多いのですが、中国人作家の作品もありました。ある種のインターナショナリズムと言ってよいと思います。

高杉はエロシェンコと長谷川テルにふれて、次のように書いています。

私が中国にたいする強烈な関心をかきたてられることになったのは、青年のころ、日本の中国にたいする侵略行動を目のあたりに見ながら、エスペランティストである自分はなんとか曲がりなりにもインタナショナリズムに忠実な生き方をつらぬきたいと切望していたからにほかならない。

ここにあげた二人は、私の理想とした生き方を実践したために、日中問題について同時代の日本人よりもはるかにひろい地平を見わたすことができたエスペランティストたちである。(21)

これは、戦後になってからの回想ですが、高杉の自己認識が表明されています。彼はエスペラントの運動にもっぱら携わるという方向には進みませんでしたが、エスペラント運動が持っていたインターナショナリズムを、編集者としての活動のなかで生かそうとした、と言えると思います。それが、ヨーロッパの文学の紹介とか、中国人作家の仕事を雑誌『文藝』の誌面に反映させることにつながったのだと思います。

この雑誌『文藝』は一般の商業雑誌ですから、そこに登場した作家たちの政治的立場はむろんさまざまです。一方に、小林秀雄や川端康成のような人がいて、他方に中野重治や中条百合子(22)がいた。三木清とか戸坂潤も登場しています。右から左まで、さまざまです。

中国人作家として目を引くのは魯迅です。改造社社長の山本実彦は、上海まで出かけて魯迅に会っています。[23] 魯迅は一九三六年一〇月に亡くなりますが、改造社では翌年に、山本社長の意向もあって『大魯迅全集』七冊を出版しました。この全集の訳者のひとりが中国文学者の松枝茂夫（一九〇五～九五）で、この人はエスペランティストです。

高杉が編集をしていた雑誌『文藝』一九三六年一二月号でも、魯迅追悼という小特集を組んでいます。

日中文学者往復書簡

改造社の雑誌『文藝』での仕事として、高杉がくり返し私に語ったのは、そしてまた彼の著作に書いたのは、日中文学者往復書簡です。高杉は、つぎのように回想しています。

日本が中国に対する全面的な侵略戦争をはじめた一九三七年に、私は改造社で雑誌『文芸』の編集をしていた。戦争に先立つ数カ月まえに計画をたて、今後毎月一回、日本と中国の作家が定期的にとりかわす文芸通信を組織しようと、当時上海でくらしていた鹿地亘氏にそのだいたいの構想をつたえて斡旋を依頼した。鹿地氏が中国側の人選をひきうけてくれて、第一回はそのころ「中国のショーロホフ」と呼ばれていた蕭軍と中野重治、第二回は中国演劇界の指導者であった夏衍と久板栄二郎、第三回は女流作家の丁玲と宮本百合子のあいだの往復書簡を発表することにきまった。

この「文芸通信」の第一回は、昭和十二年の六月十一日に印刷納本された『文芸』の七月号に発表され、第二回は八月十一日に印刷納本された九月号にかなりの削除をうけて発表されたが、第三回目はついに陽の目をみることができなかった。[24]

それにしましても、満州事変以後の状況のなかで、この「往復書簡」のような編集プランを思いついたのはなぜだったのか。それについて高杉は、つぎのように書いています。

それはエスペラントを学んでいた私のインターナショナリズム、頭のなかの観念からだったのであろう。日に日に黒い影を大きくしていくナショナリズムへの抵抗意識だったと思われる。その抵抗がまことにはかないものだとわかったときの私の挫折感は大きかった。[25]

今お話ししました「日中文学者往復書簡」という企画のあと、雑誌『文藝』の一九三七年一二月号の付録に、「現代支那文学事典」が付けられました。今でこそ、日本における中国文学の紹介は活発ですが、当時は日本語で読める同時代の中国文学の作品は至って少なかった。そういう時代での「文学事典」でした。「日本で編集された最初の中国文学辞典[26]」だということですが、この文学事典の作成に尽力したのが、竹内好などの中国文学研究会の人びとで、そのひとりが先ほどふれた松枝茂夫でした。

松枝は、旧制福岡高校の学生時代からエスペランティストだったとのことですが、この「現代支那文学事典」の企画へのお礼に、松枝が上海で買い求めたというエロシェンコの『ある孤独な魂のためいき』という小さな本をくれたと、高杉は回想しています。[27]

この本を入手したとき、高杉は感動をもってこれを読んだと書いていますが、エロシェンコ作品を雑誌『文藝』で紹介するということはしていないと思います。

その後、高杉は何回か転居をしたにもかかわらず、この本は残っていた。それが、シベリア抑留から帰還した高杉の仕事に大きな意味を持つことになりますが、その点はまたのちにふれます。

シベリア抑留

改造社の主要な雑誌『改造』が、戦時中に時局に対するやや批判的なスタンスを取ったこともあり、横浜事件のあおりを受けて、一九四四年に改造社は中央公論社とともに廃業に追い込まれます。東條英機内閣の時代です。改造社が廃業に追い込まれるその時期を狙ったかのように、高杉のところに召集令状が舞い込みます。彼は一九〇八年生まれで、召集令状が届いたのは三六歳のころです。それを聞いた同僚が、「これは懲罰召集だ」と言ったそうですが、高杉の小学校の同級生は誰一人召集されていなかったそうですから、懲罰的に召集されたのかもしれません。

召集されて満州に行き、そこで敗戦を迎えるのですが、ソ連軍によってシベリアに連行されます。そして、一九四九年の夏に日本に戻ることになります。約四年間の抑留生活でした。彼の抑留先は六ヶ所ありました。むろん本人の意志で場所を変えているのではなく、強制的に移動させられるわけです。ラーゲリと言っても、非常に過酷なところもあれば、拘束力がやや弱いところもある。一九四八年初夏から年末にかけては、イルクーツク市内の道路の舗装作業に従事しました。石を敷き詰めた市内の道路の補修作業をしたそうです。場所はイルクーツク市内ですので、ロシア人との間で言葉を交わすこともありました。

あるとき、高杉がイルクーツクの書店で購入したという露英辞典（ロシア語・英語辞典）を、昼食後に夢中になって眺めていると、ロシア人から〝Do you speak English?〟と話しかけられた。それは大学生だったのですが、その学生と少し会話をした後で、「君はエスペラントを話す？　それとも、君の大学にエスペランティストはいない？」と訊ねたところ、「イスペラン？」と、エスペラントという名称自体を知らないようすだった。「モスクワの大学で勉強したザメンホフ博士がつくった言葉」と訊いても「知らない」というだけだったといいます[28]。

この会話は高杉にとってかなり印象的なものだったようで、高杉の著作『スターリン体験[29]』でも『征きて還りし兵の記憶』でも、同じような趣旨のことがくり返されています。

ここで特に注目したいのは、「君はエスペラントを話す？」と質問したときに、この質問は「シベリアに連れて来られてからずっと胸のなかにつかえていた質問」だと書いているところです。つまり、高杉は、一九三〇年代初めに、モスクワ在住のロシア人とエスペラントを使って文通していたことがあったというのに、シベリアに連行されてこのかた、一度もエスペラントを耳にしたことがなかった。それはなぜなのか、という疑問を抱えていたというわけです。この疑問を解くのは、シベリアから帰還してのちのことになります。

五〇年代の高杉の仕事

高杉は一九四九年夏に日本に戻ります。戻ってから一年ほどして「シベリア俘虜記」として『極光のかげに』を刊行しました。この後、高杉はじつに精力的に仕事をしています。一九五〇年代の主な仕事を並べますと、

一九五三年一月　エロシェンコ「ある孤独な魂」の翻訳（『文化と教育』4（2））
一九五四年　長谷川テル『嵐のなかのささやき』の翻訳（新評論社）
一九五五年　クロポトキン『ある革命家の思い出』の翻訳（『世界教養全集』26、平凡社）
一九五六年　『盲目の詩人エロシェンコ』の刊行（新潮社）
一九五七年　スメドレー『中国の歌ごえ』の翻訳（みすず書房）

という具合ですが、エスペラントを意識したものが多い。長谷川テルは、どなたもご存じの通り、エ

スペランティストです。

少し話がそれますが、伊東三郎に『エスペラントの父　ザメンホフ』という岩波新書があり、これが一九五〇年に出ています。その「あとがき」をみますと、「本当のザメンホフ伝を書けと求められて、年月がたちました。戦後の若い世代はその名前さえも忘れており、長年のエスペランチストは偶像にしてしまいこんでいます」と書かれています。[30]

つまり、伊東三郎の認識では、一九五〇年ごろの日本では、ザメンホフやエスペラントは忘れられたような存在だった。そういう、言ってみれば「はやらない」ことに高杉は取り組んだわけです。

高杉は、戦前にはエロシェンコの名前は知っていたのですが、その作品に取り組むところまでは行かなかった。それから、エスペランティストの長谷川テルが、東京で中国人のエスペランティストと結婚して中国に渡ったのが一九三七年四月です。その頃、高杉は雑誌『文藝』で「日中文学者往復書簡」の企画に取り組んでいた。長谷川テルと同じように、日本の中国侵略に反対しているエスペランティストだったわけですが、同じく東京に住んでいても、高杉はテルのことを当時はまったく知らなかった。はじめて知ったのは、一九五二年の初夏のことで、豊中市のエスペラント通信社から復刻された長谷川テルの遺著『嵐の中のささやき』と『戦う中国にて』を読んでからだったといいます。[31]

なぜエロシェンコを訳したか

シベリア抑留時代に、高杉はひとりのエスペランティストにも出会うことがなかった。それはなぜなのか。日本に戻ってから、その理由はスターリンによるエスペラント抑圧にあったのだと認識し、そこからエロシェンコについて調べようと考えるに至ったというわけです。同時に、エスペランティストとして日本の中国侵略に抵抗した長谷川テルの作品を翻訳し、広く世に伝えよう。そのように考えたのです。それが一九五〇年代の初めです。エロシェンコが日本を去ってからほぼ三〇年という時間が流れていました。

三〇年といえば、長いようですが、ある意味では長くない。と言いますのは、その時点では、エロシェンコを直接に知る人たちがまだ存命中だったからです。

といっても、その人びとでさえ、その時点では、エロシェンコがまだ生きているのか死んでしまったのかさえわからなかった。しかし、やがて一九五七年になって、エロシェンコは一九五二年一二月に亡くなっていたという情報がもたらされます。

そこで、高杉はエロシェンコの追悼会をしようと考え、一九五九年二月六日にその追悼会を新宿の中村屋で開いたのでした。そこには、秋田雨雀、神近市子、鶴田吾郎、高津正道、福岡誠一、小坂狷二、正木ひろし、伊東三郎らが集まったといいます。[32]また、エロシェンコと親密だった鳥居篤治郎も存命でした。

このような人びとの協力を得ながら、まず一九五六年に『盲目の詩人エロシェンコ』を書きます。そして、一九五九年に『エロシェンコ全集』三冊を編集し、みすず書房から刊行しました。雑誌『我等』などに日本語で発表された作品を集め、エスペラント作品は翻訳するなどして編集したのです。

その第三巻は高杉の手になるエロシェンコの伝記と資料です。

その一五年後の一九七四年に、同じくみすず書房から『ワシリイ・エロシェンコ作品集』二冊を刊行しました。そして、その成果を踏まえ、『夜明け前の歌　盲目詩人エロシェンコの生涯』という本を、一九八二年に岩波書店から出版します。

みすず書房から出た『ワシリイ・エロシェンコ作品集』ですが、なぜ全集ではなく作品集という題名にしたのか。その理由はわかりませんが、この『作品集』に収録されなかったエロシェンコ作品があってもふしぎではないと感じていたからかもしれません。

そして、事実、この『作品集』に収録されなかったエロシェンコ作品はあったのです。

この『エロシェンコ作品集』を見ればわかることですが、エロシェンコは一九二三年に北京を離れ、モスクワに行きます。モスクワに戻ってから、一九五二年に亡くなるまでの三〇年近い期間にエロシェンコはなにをしていたのか。『エロシェンコ作品集』第二巻には、「盲目のチュクチ人」という短篇が収録されています。これは、一九二〇年代末にエロシェンコがシベリアのチュコト半島、つまり、シベリアの一番東側、隣はアラスカというところまで出かけたときのことを描いた作品です。こういう作品が見出されたからには、エロシェンコがソ連帰国後に書いた作品が他にもあるのではないかと考えてもふしぎではありません。

しかし、中国からエロシェンコが戻ったソ連は、まもなくスターリン時代となります。

そこで、高杉は、問題をつぎのようにまとめています。

日本や中国では、作家として、あんなにも自由奔放にふるまっていたエロシェンコが、祖国に帰ってからは、その活動の舞台をほとんど盲人教育の分野にしか見出せなかったように思われるのはなぜなのか。[33]

こういう問いですが、とはいえ、ソ連に戻ってからのエロシェンコが、完全に作品を書くことをやめてしまったわけではありませんでした。この『エロシェンコ作品集』に収められなかったエロシェンコ作品はあったのです。

たとえば、一九八〇年に峰芳隆さんが編集されたエスペラント文の『エロシェンコ作品集』には、La trimova ŝakproblemo（チェスの三手詰め問題）という作品が収められています。

そして、高杉さんは、このエロシェンコ作品を日本語訳していました。ただ、その翻訳を発表する適当な場を得られなかったのか、発表されないまま、高杉さんは亡くなってしまいました。その翻訳原稿が、じつは高杉さんの軽井沢の山荘に残っていたのでした。

それが二〇二一年七月、日本エスペラント図書刊行会から『エロシェンコのシベリアものがたり』[34]という題で出版されました。

今、ソ連に戻ってからのエロシェンコが創作活動の場を非常に制限されてしまったのはなぜかという高杉の問いを紹介しましたが、その答えは、スターリン体制によるものだったということになるでしょう。

ご自身がシベリアに抑留された経験を持ち、スターリン体験をくぐった高杉は、生きた場所は異なるけれども、スターリン体制に押しつぶされそうになったエロシェンコに共感を寄せ、その生きた足跡を、作品集そして伝記という形で残そうとした。

高杉さんはエスペランティストの運動の積極的な活動家ではなかったとご本人は言っていますが、エスペラントの国際主義的な発想をずっと持ち続け、長谷川テルの著作を、その翻訳を通じて紹介し、エロシェンコの作品集を出版し、両者の伝記を書き、さらには、それと連動してクロポトキンの著作の翻訳にも及んだ。そういう仕事をされたのでした。

高杉さんご本人は、青年時代に「ザメンホフとそのエスペラント精神」にふれた人生だったと振り返っています。まさしくその通りだったと思います。

最後にひとつのことを付け加えさせてください。私は、本日ここでお話をさせていただくことになり、その準備のために、エロシェンコが日本に滞在していた時期に、エロシェンコのことが日本の新聞にどのように報道されていたか、少し調べました。

そうしましたら、一九二一年八月の読売新聞に、「禍ひの牙」という六回連載のエロシェンコ作品が「読売おとぎばなし」として掲載されていました。[35] この「禍ひの牙」は、高杉一郎編集の『エロシエンコ作品集』にも収録されていません。

この作品は、動物の世界に平和はあり得るかということを描いた寓話です。一九一九年のヴェルサイユ講和会議の頃を思い起こしながら読めば、あるいは現在のウクライナでの戦争を連想しながら読めば、味わい深い作品です。

高杉先生がご存命ならば、この作品の「発見」を知って大いに喜ばれるのではないかと思います。

ご清聴、ありがとうございました。

付記 この論考は、第一〇九回日本エスペラント大会（二〇二二年九月二四日、八王子学園都市センターで開催）での講演用原稿に若干の加除を施し、「注」を付加したものである。この講演の短い要約が、日本エスペラント協会会誌「エスペラント／*La Revuo Orienta*」二〇二三年二月号に掲載された。

注

（1）石原吉郎（二〇〇〇年）『石原吉郎評論集　海を流れる河』同時代社。太田による解説を付した。ただし、同時代社編集部編となっている。

（2）太田哲男（二〇〇八年）『若き高杉一郎　改造社の時代』未來社。高杉一郎著・太田哲男編（二〇〇九年）『あたたかい人』みすず書房。

（3）第二四回・一九五〇年下期。この回は受賞作なし。ちなみに、五一年下期には堀田善衞が受賞、五二年下期には松本清張が受賞。

（4）クロポトキン（一九二〇年）『革命家の思出：クロポトキン自叙伝』大杉栄訳、春陽堂。ちなみに、この作品は、アメリカの雑誌『アトランティック・マンスリー』に連載されたものである。

内務省特高警察は、エロシェンコが大杉一派の集会に出ていたこと、エロシェンコがその集会でクロポトキンと会っていたこと、アナーキズムについて語ったことを把握していた。「特別要視察人状勢一班　第六」松尾尊兊解説（一九八四年）『続・現代史資料1　社会主義沿革1』、みすず書房、四七八頁。また、同書、六九九頁にも、エロシェンコの名前が出てくる。

（5）秋田雨雀（一九六五年）『秋田雨雀日記』第一巻、未來社、一九一五年四月二六日条。この日、秋田雨雀は、帝国劇場の楽屋で、エロシェンコを島村抱月に紹介している。また、大杉栄にも紹介している。

（6）大杉栄（一九八九年）『大杉栄・伊藤野枝選集・第一四巻：大杉栄書簡集』黒色戦線社。

（7）コスモ倶楽部については、松尾尊兊「コスモ倶楽部小史」（松尾尊兊（二〇一四年）『大正デモクラシー期の政治と社会』みすず書房、所収）参照。

（8）「最近ニ於ケル特別要視察人ノ状況　大正一一年一月調」松尾尊兊解説（一九八六年）『続・現代史資料2　社会主義沿革2』、みすず書房、一一五頁。なお、同頁には、「コスモ倶楽部」への言及もある。

（9）叢文閣刊。叢文閣の創業者・足助素一は、有島武郎の学生時代からの友人で、叢文閣は有島の著作集なども出版した。

（10）中国のエスペランティスト胡愈之と高杉は、戦後に親交があった。

（11）当時魯迅が接したエロシェンコ作品は、第一創作集『夜明け前の歌』収録作品である。

（12）「訳者附記」などは魯迅（一九八五年）『魯迅全集』12、学習研究社、二五九頁以下。また、『魯迅日記』は、『魯迅全集』17（日記Ⅰ）に収録。しかし、『魯迅日記』は、エロシェンコとの交わりという点で最も重要と思われる一九二二年の分が失われている。

（13）ジョン・デューイ（一九三〇年）『ソヴエートロシヤ印象記』山下徳治訳。なお、デューイがモスクワに入ったのは、翌年一九二八年だった。

（14）エドモン・プリヴァ（一九二三年）『愛の人ザメンホフ』松崎克己訳、叢文閣。

（15）高杉一郎「伊東三郎」（高杉一郎（一九八一年）『ザメンホフの家族たち』田畑書店、所収。以下、『家族たち』と略記）

（16）比嘉春潮（一九六九年）『沖縄の歳月　自伝的回想から』中公新書。比嘉春潮の自伝は、当初「年月とともに」という題名で一九六四年『沖縄タイムス』に連載された。これを一部手直ししたのが、比嘉春潮『沖縄の歳月自伝的回想から』（中公新書）である。比嘉春潮（一九七一年）『比嘉春潮全集』第四巻（沖縄タイムス社）所収版は、新聞連載に基づくもので、これを底本として平凡社の『日本人の自伝14』（一九八二年）に収録された。

（17）高杉一郎（一九九七年）『ひとすじのみどりの小径　エロシェンコを訪ねる旅』リベーロイ社、二四頁。

（18）高杉一郎（一九九六年）『征きて還りし兵の記憶』岩波書店、二〇八頁（以下、『記憶』と略記。）なお、この本は、その後、「岩波現代文庫」（二〇〇二年）に収められた。

（19）高杉一郎（一九九〇年）『スターリン体験』岩波同時代ライブラリー、四八・二四五頁。

なお、葉籟士（一九一一～九四）という中国エスペラント運動のリーダー格だった人物も東京高師に学んだ。葉籟士も、満州事変・上海事変が始まってまもない一九三二年に、上海に帰って行った。この葉籟士は、東京高等師範学校の学生時代に、高杉と知り合いになってはいなかったというが、戦後の両者には親交があった。

（20）高杉は、改造社に入社した頃、「引き潮」という短篇小説をエスペラントで書いたと言う。それを見た中垣虎児郎が、「これだけ書けるとは思わなかった」と言って、*ESPERANTA LITERATURO* というエスペラント雑誌にそれを掲載してくれたとのこと。（このエスペラント作品の筆者名は筆名で、Suguro-Hideo）しかし、高杉によるエスペラントの創作はこの一篇だけだとのこと（高杉『ひとすじのみどりの小径』五三頁）。そして、エスペラント運動の活動家になることもなかった。高杉がエスペラントの運動に積極的に関わらなかった理由は、教育学の方に関心が向いてしまったからだと高杉は述べている。

（21）「エロシェンコと長谷川テル」は、『朝日ジャーナル』一九七二年五月五日号、所収。のち、これを竹内好・橋川文三編（一九七四年）『近代日本と中国』上・下（朝日新聞社）に収録するに際し、前書きのようなものが追記された。この引用は、その追記部分である。この論考は、高杉一郎（二〇〇九年）『あたたかい人』（みすず書房）に収録されたが、そこにはこの追記部分は含まれていない。

（22）高杉はのちに宮本姓となった作家を、結婚以前については、中条百合子として書いている。

（23）改造社の総合雑誌『改造』には、魯迅の作品が五回ほど掲載されている。雑誌『文藝』にも、魯迅の書いたものが少なくとも三点出ている。「『大魯迅全集』の大は、全集にかかるのではなく魯迅にかかるのだ」と山本社長は言っていた、と高杉は私に語った。

（24）高杉「日中エスペラント交流史の試み」『家族たち』一七〇頁。

(25) 高杉、同、一七一ページ。
(26) 高杉『ひとすじのみどりの小径』八三頁。
(27) 『記憶』二二五ページ。この『ある孤独な魂のためいき』という本には、中国のエスペランティストである胡愈之の「まえがき」が付いているとのこと。私（太田）はこの本の現物を見たことがないが、エロシェンコ作品のアンソロジー・エスペラント版だと考えられる。高杉『ひとすじのみどりの小径』八三頁参照。また、エロシェンコ著・高杉一郎編（一九七四年）『ワシリイ・エロシェンコ作品集1　桃色の雲』（みすず書房）の「あとがき」に、「ある孤独な魂」という作品は、「一九二三年に上海で出版されたエスペラント創作集 *Ĝemo de unu Soleca Animo* から私が訳したもの」だと書かれているが、これは松枝からもらったテキストによるものだと思われる。
(28) 高杉一郎（一九九一年）『極光のかげに』岩波文庫、二五八頁。
(29) 高杉『スターリン体験』二四二頁。『記憶』二二〇頁。なお、高杉一郎（二〇〇八年）『わたしのスターリン体験』（岩波現代文庫）は、『スターリン体験』を一部書き直したものである。
(30) 伊東三郎（一九五〇年）『エスペラントの父　ザメンホフ』岩波新書、二三四頁。
(31) 高杉一郎（一九八〇年）『中国の緑の星　長谷川テル 反戦の生涯』朝日新聞社、二〇一頁。また、高杉『記憶』二〇七頁にも同様のことが述べられている。
(32) 高杉一郎（一九八二年）『夜明け前の歌　盲目詩人エロシェンコの生涯』x頁。
(33) 高杉『夜明け前の歌』三八六頁。
(34) エロシェンコ（二〇二一年）『エロシェンコのシベリアものがたり』日本エスペラント図書刊行会。この本に収められた高杉の娘である田中泰子さんの一文によれば、高杉はエロシェンコによるエスペラントは、散文も韻文も素晴らしいと語っていたという。そうだとすれば、高杉がエロシェンコの作品に惹きつけられた一因は、エロシェンコの文体だったということになる。
(35) 先に挙げた「チェスの三手詰め問題」は、エスペラントのテキストは以前から知られていたが、高杉訳が先頃見つかったという経緯だった。しかし、この「禍ひの牙」は、日本語作品であり、これに該当するエスペラントのテキストが存在するかどうかは不明。また、この作品の日本語テキストは、エロシェンコの口述を、だれかが筆記して成立した可能性は十分考えられるが、だれの筆記によるのかは不明。

本書収録にあたり、補注を付加する。

〔補注1〕高杉によるクロポトキンの著作の翻訳には、『ロシア文学の理想と現実』（岩波文庫、上巻＝一九八四年、下巻＝八五年）もある。

〔補注2〕秋田雨雀『雨雀自伝』新評論社、一九五三年、五〇頁以下。

〔補注3〕相馬黒光『黙移』法政大学出版局、一九六一年、二九一頁以下に、「盲人エロシェンコ」という節がある。

女神の森──フィリパ・ピアスから高杉一郎への手紙

『トムは真夜中の庭で』をはじめとするフィリパ・ピアス（一九二〇〜二〇〇六）の諸作品は、高杉一郎という訳者を得て、日本の読者に親しまれてきた。『トムは…』の原著の刊行は一九五八年。高杉訳の刊行は一九六七年で、今年（二〇一七年）はその五〇周年にあたる。

その高杉は二〇〇八年一月に九九歳で亡くなった。高杉の住まいには、ピアスからの手紙が少なくとも三通残されていて、私はそれを高杉の娘さんに見せていただくことができた。以下では、この三通の全文を時間順に紹介し、いささかの注記を書いておきたい。（訳文はすべて太田による）

〔一〕

一九八六年九月七日、東京

親愛なる高杉教授

先生には今日お目にかかりますのに、こうしてペンを執りましたのは、予定されている短い時間では、十分お話できないのではないかと思うからなのです。

何人かの日本人の友人がわたしに手紙をくれました。その人びとの読書眼をわたしは信頼しているのですが、彼らはこう書いています。『トムは真夜中の庭で』の日本語訳は「とてもすばらしい」と。あの物語は、完成してからずいぶん経ちますが、今もって私の心のなかにしっかりと住みついています。そしてそれゆえに、私の心は先生への感謝の念に満たされています。

今日先生にお会いできますことは、わたしにとりまして幸運なことです。そしてそれ以上に幸運だと思いますことは、先生がたいそう以前にわたしの本に出会い、（おそらくは）その持つ価値以上に気に入ってくださったことです。

心より感謝をこめて

フィリパ・ピアス

このときのピアスの来日について、高杉は、自身が訳したピアス『こわがってるのはだれ？』（岩波書店、一九九二年七月）の「訳者あとがき」で次のように書いている。

一九八六年七月にわたしは彼女の『サティン入江のなぞ』を翻訳したが、その一ヵ月後に東京で国際児童図書評議会（ＩＢＢＹ）の世界大会がひらかれ、フィリパ・ピアスはそこで基調講演をおこなうために来日した。

しかし、わたしはおなじころ北京でひらかれた世界エスペラント大会に参加し、そのあと重慶にまわったので、彼女の基調講演を聴くことができなかった。初秋のころ帰国すると、彼女はまだ東京にいたので、わたしも一度だけ彼女と会った。その後、彼女の作品の日本語への訳者がどんな人間か知ってもらおうと思って、わたしの『極光のかげに——シベリア俘虜記』の英訳原稿を彼女の自宅に送りとどけたりした。

ここで、「一度だけ彼女と会った」と書かれているのが、このピアスの手紙にある九月七日だったということであろう。そして、先の手紙からは、高杉による『トムは真夜中の庭で』の日本語訳が「とてもすばらしい」と、信頼する友人たちから聞いて、それを喜んでいる様子がうかがえる。そして、それゆえにピアスは、短時間の出会いでは自分の感謝の気持ちをじゅうぶんに伝えられるかどうかをおもんばかって、手紙でその気持ちを表現したというのである。

この「訳者あとがき」の最後のところに出てくる『極光のかげに——シベリア俘虜記』の英訳原稿は、結局公刊されるには至らなかったものであるが、その経緯は高杉の遺文集である『あたたかい人』（みすず書房、二〇〇九年）収録のエッセイ「こがらしの森」（初出、一九九三年）にふれられている。それによれば、この英訳は「一九五一年にアメリカで出版されるはずであったが、突然吹き荒れてきたマッカーシズムの嵐に妨げられて見送られてしまった」という。『極光のかげに』の単行本は一九五〇年に刊行されたから、すぐに英訳されて翌年には出版の準備は整っていたわけである。その原稿コピーを、高杉はピアスに送ったのだった。エッセイ「こがらしの森」には、それに対するピアスの反応などが書かれている。

やがて彼女から「私の兄はマルクス主義者でしたが……」という書き出しで、一九三九年の八月二十三日にモスクワで独ソ不可侵条約が調印されて以後、イギリスの知識人たちのソ連にたいする評価が大きく変わった事実と結びつけて『極光のかげに』を読んだ感想が送られてきた。

一九三九年当時、東京で文芸雑誌の編集者をしていた私は、イギリスの知識人たちが「目的と手段」というテーマでおよそ一ヵ年間も論争をつづけたのに、日本では平沼騏一郎が「欧州情勢は複雑怪奇」と言っただけで内閣を投げだしたし、知識人たちもろくに議論をすることなく重大な歴史的意味をもったこの事件を見送ったことを覚えていたから、彼女の手紙は遠方に知己ありとてもうれしかった。

身ぢかになったその感情のなかで、私はピアスのあたらしい作品 *WHO'S AFRAID?*（こわがってるのはだれ?）の翻訳にとりかかった。〔中略〕そのうちの一篇の題名がどうしても私にはわからない〔The Hirn〕。〔以下略〕

残念ながら『極光のかげに』の英訳に対するピアスの読後感をつづった手紙は、ここに紹介する三通には含まれていなかった。だが、ここに引用した一節にある高杉の「とてもうれしかった」という感情には、別の含みがある。

高杉はピアスの作品を六冊翻訳して出版したが、その嚆矢となったのが、『トムは真夜中の庭で』

である。高杉のエッセイ「こがらしの森」には、『トムは…』の翻訳をすすめたころに耳にしたことが、次のように記されている。

「彼女の夫はかつてシンガポールで日本軍の捕虜になったことがあり、そのときの後遺症で結婚二年後に急死した。そのため、作家は日本に好意をもっていないという噂だった」

そういう噂のあったピアスから、『極光のかげに』の読後感が送られて来たのである。その読後感の内容は、今のところ想像するしかないけれども、高杉がピアスを、第二次世界大戦前後の世界の政治動向や、兵役への動員と捕虜体験に対していだいていた思いを理解できるひととして知ることによって、ピアスを「遠方の知己」と感じ、「身ぢか」なひとだという感情を強くしたことは明らかであろう。時はまだ「ベルリンの壁」崩壊以前のこと、「ソ連」も現に存在していた。

これも想像になるが、ピアスは、一九八六年初秋の高杉との初対面が気持ちのよいものになるかどうか、彼女の夫への思いもからんで、いささかの懸念をいだいていたのではなかったか。そのため、『トムは真夜中の庭で』の日本語訳に対する感謝の念をどこまできちんと伝えられるかと不安に思い、それが九月七日付の手紙を書いたのであろう。

〔三〕

一九八六年一一月二九日

あなたが「ふしぎなヒマワリ」を面白いと感じ、翻訳したいと思ってくださったことを、うれしく思います。

本当にわたしはあの物語を気に入っていました……

「ふしぎなヒマワリ」ができたのは、実はふしぎないきさつがあります。わたしはあのとき初めて子どもを身ごもっていて、――それは人生で一度きりの経験になるわけですが、まるでわたし自身が羊水の中からもがき出ようとしているような、陰鬱な気分でした。

そして生まれ出たのが、あの物語です。わたしは無意識のうちにそれを産み出し、深い意味については考えていなかったのです。

フィリパ・ピアス

高杉は、『サティン入江のなぞ』の翻訳・出版に引きつづいてピアスの作品の翻訳を試みたが、ここに出ている短篇「ふしぎなヒマワリ」は、高杉訳としては発表されなかった。なお、ピアスの結婚生活が先にふれたようなものだったとすれば、この手紙にある「人生で一度きりの経験」というくだりも切実さを増す。

三通目は、先に引いたエッセイ「こがらしの森」に記された「The Hirn」という題名に関わる一九九二年一〇月二四日の手紙であるが、この経緯については、先に引いたピアス『こわがってるのはだれ?』の「訳者あとがき」を参照するのがわかりやすい。

この短篇の原名は The Hirn だが、OEDをはじめいろいろな辞典をひいてみても、Hirn という文字はどうしても見つからない。やむなく、作品の内容から推して「こがらしの森」とすることにした。

静岡市の郊外を流れている藁科川(わらしながわ)のまんなかにひとつの中の島があり、そこにこんもりとして美しい森がある。牧谷橋(まきがや)の上から眺めたその森は美しいだけでなく、どこか神秘的な雰囲気をたたえている。どんないわれがあるのかは知らないが、森のなかにはちいさなほこらが立っているということで、その中の島全体があの地方では一種の聖域視されている。作品のなかでは、ビル・ヘーズという頭のかたい農場管理人が The Hirn の冠詞をいつもはぶいて“But, it's Hirn.”と言うことになっているが、そこのところを私は「こがらしの森」の森をはぶいて「こがらしさん」と呼ばせることで、なんとか切り抜けた。はたしてそれでよかったかどうか。

つまり、高杉はかつて彼が住んでいた静岡市に連想をめぐらせ、この題名を選んだ。その訳書刊行ののち、この題名の訳について、自身が写した森の写真三枚を添えてピアスに手紙を出し、返信をもらった。高杉のエッセイ「こがらしの森」には、ピアスに送った手紙の文面が記されている。

私のふるさとである静岡の郊外に立っているこの森は、およそ一〇〇〇年ごろ有名な女流作家の書いた随筆文学にその名をとどめています。森のなかに小さなほこらが立っていますが、それは千年の歴史をかぞえる森の精にささげられたものだと私は考えています。あなたの題名が私にはどうしてもわからないので、敢えて日本ふうにあらためましたが、お許しください。

ここに「有名な女流作家の書いた随筆文学」というのは、おそらく『枕草子』を意味している。『枕草子』（新編日本古典文学全集）の「一九四　森は」に、「木枯らしの森」が出てきて、その頭注に「静岡市羽鳥にある。京都市右京区にもあった」とある。羽鳥は、まさしく高杉が送った写真の場所であり、地図をさがせばそこに「木枯神社」を見ることができる。

それに対するピアスからの返信が、以下のものである。

〔三〕

一九九二年一〇月二四日、ケンブリジにて

親愛なる高杉教授

三枚の写真を送っていただき、ありがとうございます。これはあなたの想像する私の「him」ですね。そうです。その通りです。神々しいところもそっくりです。

日本は驚くべき国ですね。最先端のテクノロジーと、古代からの森への信仰が共存しているのですから。

（写真Cに写っている先生のお姿にも目を留めましたよ。小さくて添え物のように写っていますが）

お写真にある島のようにも半島のようにも見えるこんもりとした森を見ましたとき、私は子どものころ好きだった物語を思い出しました。先生のご興味がわくかどうか分かりませんが、ご紹介します。高名なアイルランドの歌手であり、漁師でもあるハリー・プランケット・グリーン作の『短篇集——パイロット（犬の名前です）他』のなかに入っている短篇小説です。アイルランドの少年がレプラコーン（アイルランドの男の妖精）を助け、そのお礼に緑の島のなかのどこから太陽が昇るかを（月だったかもしれません）教えてもらうという物語です。美しい文章で描かれています。その森が、ちょうど先生のお写真の森のイメージなのです。

もしご希望ならば、コピーしてお送りします。ひょっとしましたら、翻訳して出版なさる価値があると思われるかもしれません（たぶん著作権は切れていると思います）。

私は今 *Oxford Book of Children's Ghost Stories* の編集に追われています。それはたいへん面白い物語集です。子どもたちのために英語で書かれたオリジナル・ストーリーを集めたもので、民話や伝説ではありません。その本は、書物の歴史といったものを考えさせてくれます（事実、第二次世界大戦よりさかのぼった古い時代では、子どものための幽霊物語は書かれなかったということがあります）。

敬愛と感謝をこめて

フィリパ・ピアス

以上が三通目の手紙であるが、高杉のエッセイ「こがらしの森」には、ピアスから来た返事が引用されている。その手紙は、ここに全文を翻訳した一九九二年一〇月二四日付けの手紙とは別の手紙のように思われるが、そこには、him の説明がある。

あなたの題名は日本語への翻訳としてだけでなく、日本的な想像力へのすばらしい翻訳になっています。私の本の題名は、「彼女（女神）のもの」という意味の古代イギリスの方言を、読者をじらそうとして私がわざと綴字を変え、発音だけは同じにして森の名まえとしたものですから、あなたがとまどったのも無理はありません。

つまり、hern という「古代イギリスの方言」を him に変えたということであろう。「女神の森」である。高杉は、先のエッセイで、ピアスからのこの返信を紹介したあと、

「国境を超えて、人間と人間の心が結ばれる縁のふしぎさを思わないではいられない」

と締めくくった。

私は、このエッセイを草するにあたり、ピアスの娘であるサリーさんにこの三通の手紙のＰＤＦファイルを送ったところ、返信があった。

「母の手紙を楽しく読みました。彼女らしい細やかな心配りと、豊かな思いに満ちていて、要を得たものだと思います」

これも「縁のふしぎさ」であろうか。

あとがき

本書に収録した文章の成り立ちの経緯を書いておく。

私が定年退職を控えていたとき、お世話になった藤田省三さんについて何も書いていないことが心残りだった。何も書かないままでよいのかという思いが強く、かといって立ち入った藤田省三論は書けそうもないので、私の接した藤田さんということに限定しようと考え、勤務先の紀要などに「思い出」という形の文章を書いた。藤田さんを直接に知る数人のかたがたにそれを読んでもらうことができ、ありがたかった。それが、次の二本である。

「藤田省三さんの思い出——冷戦終結のころ」（『桜美林論考　法・政治・社会』第一〇巻、二〇一九年三月、所収）

「藤田省三さんから聞いた文学世界」（『桜美林世界文学』第一五号、二〇一九年二月、所収）

この二本は同時期に書いたものである。本書収録にあたり、一部の記述を手直ししたが、趣旨は変更していない。

＊

右の藤田論を発表した二〇一九年、私が教えを受けた古在さんについて、『勇気ある義人　古在由重コレクション』（同時代社、二〇一九年）を編集することができた。ただ、その「解説」の一部に誤記があると、友人から指摘を受けた。指摘の通りであり、私の記憶違いだった。誤記というのは、原水爆禁止の統一世界大会が一九八四年に再分裂したと記した点で、これは正確には八六年とすべきだった。これを訂正しつつ、八六年の原水禁運動の「再分裂」について書くとすれば、それ以前の「再統一」のことを説明する必要があると思い、七七年の再統一に至る歴史を含めて書きはじめた。その過程で古在ゼミ時代の私のメモが少し残っていることに気づき、それを見ているうちに、古在さんから聞いたいろいろなことが思い出されてきた。それらを併せ、「古在先生の思い出」「陸井三郎さんのこと」というふたつの文章を今回書いた。この二点も、私の接した限りの話に力点を置いた。

＊

私は以前に、『若き高杉一郎　改造社の時代』（未來社、二〇〇八年）を書いたが、それは一九四五年までのことを主としていて、その後のことには局部的にしかふれていない。翌年、高杉一郎著『あたたかい人』（みすず書房、二〇〇九年）を編集し、「百年を生きた人」という「解説」を書いた。この遺文集にエスペラント関連の高杉さんのエッセイ数点を収録したが、この「解説」ではエスペラントについてはほとんどページを費やさなかった。

二〇二二年秋、「高杉一郎とエスペラント」ということで、高杉さんの仕事の重要な一側面であるエスペラントとの関わりについて講演をする機会に恵まれた。また、高杉さんの仕事の、これまた一分野であった児童文学の翻訳については、軽井沢の高杉さんの山荘に遺されていたフィリパ・ピアスの手紙に触発されて書いたエッセイ「女神の森」でふれることができた。この講演とエッセイを本書に収めた。以下の二点である。

「高杉一郎とエスペラント」(『桜美林大学研究紀要　人文学研究』第三号、二〇二三年三月、所収。右記の講演用に準備した草稿に「注」を付加したもの。今回、一部を訂正した。)

「女神の森――フィリパ・ピアスから高杉一郎への手紙」(『図書』岩波書店、二〇一七年五月号)

＊

ふりかえれば、私が古在宅に初めてうかがった一九七三年から五〇年の歳月が流れた。今年は、古在没後三三年、藤田没後二〇年、高杉没後一五年にあたる。そういう時期に、本書を刊行でき、感慨がある。

この三人については、それぞれの著作から三人それぞれの思想あるいは経験を読み取ることはもちろんできるだろう。しかし、そのひとの思想・経験を伝えるものは、著作だけに限られるわけではない。この三人と私の接触はごく限定的なものであったとはいえ、面識のあった者が直接に接するなかで聴いたことを、いささかなりとも記録しておくことにも意味があるだろう。そう考えて、この三人についての回想をまとめておくこととした。

本書冒頭の藤田さん回想に、「冷戦終結のころ」という副題をつけた。それは、旧ソ連圏の崩壊の時期ということであるが、藤田さんとの勉強会では、そういう時代状況に関連する話題が多かった。

本書で扱った古在さんの活動時期も、今ふり返れば冷戦体制が終結に向かう時期に重なるし、高杉さんのエロシェンコ作品との取り組みも、冷戦と無関係ではなかった。今や冷戦終結以降、すでに三〇年余の年月が経過した。

それゆえ、この三人の思想・経験は、直接に現状につながっているというより、すでに「歴史」の領域に入ったものといえる。本書は、その「歴史」あるいは「思想史」の断面を記録したもの、つまり「断章」である。

本書の原水禁運動の部分については、長きにわたり原水禁運動を取材された岩垂弘さん（元・朝日新聞編集委員）に原稿を読んでいただき、多くの示唆・指摘をいただいた。本書の文責が私にあることはもちろんであるが、岩垂さんのご厚意に深く感謝する。また、本書の出版にあたり、同時代社の川上隆さんにもお世話になった。

私の連れ合いのまり子には、原稿を読んでもらい、さまざまな指摘を受けた。古在、藤田、高杉の三先生のところに通う私を見ていた彼女は、私の記憶をよみがえらせることを助けてくれた。その助けに感謝したい。

二〇二三年六月

太田 哲男

人名索引

以下の索引は、必ずしも網羅的ではない。

さ

ま

や

ら

わ

藤田省三（ふじた・しょうぞう）

1927年愛媛県生まれ。1953年、東京大学法学部卒業。丸山眞男に学ぶ。思想史家。法政大学教員（途中に中断を挟み、1993年まで勤務）。著書に、『天皇制国家の支配原理』『維新の精神』『転向の思想史的研究』『精神史的考察』『全体主義の時代経験』など。『藤田省三著作集』（全10巻、みすず書房）、『藤田省三対話集成』（全3巻、みすず書房）がある。2003年没。

古在由重（こざい・よししげ）

1901年東京生まれ。東京帝国大学文学部哲学科卒業。哲学者。1930年代は唯物論研究会などで活動。治安維持法違反で2度逮捕された。戦後は、名古屋大学教授など。平和運動、特にベトナム人民支援運動・原水禁運動に力を注いだ。著書に、『現代哲学』『和魂論ノート』など。訳書に、マルクス＝エンゲルス『ドイツ・イデオロギー』など。『古在由重著作集』（全6巻、勁草書房）がある。1990年没。

高杉一郎（たかすぎ・いちろう）

1908年静岡県生まれ。東京文理科大学英文科卒業。33年から改造社編集者。44年応召。敗戦後シベリアに抑留され、49年に復員。静岡大学・和光大学教員。著書に『極光のかげに』『スターリン体験』『征きて還りし兵の記憶』、翻訳に『中国の歌ごえ』『トムは真夜中の庭で』など多数。編訳に『ワシリイ・エロシェンコ作品集』。本名は小川五郎。2008年没。

著者略歴
太田哲男（おおた・てつお）
1949年静岡県生まれ。東京教育大学大学院文学研究科博士課程（倫理学専攻）中退。博士（学術）。桜美林大学名誉教授。
著書に、『大正デモクラシーの思想水脈』（同時代社、1987年）、『ハンナ＝アーレント』（清水書院、2001年）、『若き高杉一郎　改造社の時代』（未來社、2008年）、『古野作造』（清水書院、2018年）など。
『暗き時代の抵抗者たち　対談 古在由重・丸山眞男』（同時代社、2001年）、高杉一郎『あたたかい人』（みすず書房、2009年）、『勇気ある義人　古在由重セレクション』（同時代社、2019年）などを編集。

回想録（かいそうろく）　わが師（し）たち
藤田省三（ふじたしょうぞう）・古在由重（こざいよししげ）・高杉一郎（たかすぎいちろう）

2023年9月30日　　初版第1刷発行

著　者　　太田哲男
発行者　　川上　隆
発行所　　株式会社同時代社
〒101-0065　東京都千代田区西神田2-7-6
電話　03(3261)3149　FAX　03(3261)3237
組　版　　有限会社閏月社
装　幀　　太田　愛
印　刷　　中央精版印刷株式会社

ISBN978-4-88683-952-7